佛陀幸福語錄

兩千五百年前,太子悉達多在明星初現之際,於菩提樹下豁然大悟,從此,悉達多被人們稱為佛陀,並創立了至今仍然廣泛流傳的佛教。

序言

兩千五百年前，迦毗羅衛城的太子悉達多在明星初現之際，於菩提樹下豁然大悟，從此，悉達多被人們稱為佛陀，並創立了至今仍然廣泛流傳的佛教。

佛教在漢地流傳也有兩千多年了，大多數中國人將佛教看做是消極的、神化的、彼岸的宗教。佛教本質上是佛陀的教育，並不是簡單的拜佛的宗教，但如此理解佛教的人，實在是少之又少。近代，歐陽竟無先生提出，佛教非宗教，非哲學，給佛教作了比較精準的定位，我們講佛教是宗教，祇是一種通俗的方便說而已。

人的一生，是追求幸福的一生，沒有人會拒絕幸福，也沒有人會放棄幸福。每個人都喜歡幸福，那麼，什麼是幸福？幸福該如何去爭取？幸福的定義和追求幸福的方式因人而異，事實上，與外界因素相比，如何理解幸福，在追求幸福的過程中起到了更重大的作用。

我們每個人都習慣了自己的處世態度和思維方式，並認為它是正確的，這是人類自身的慣性之一，佛教稱此為「執著」。並認為，正因為眾生的執著，才導致了眾生不能從諸苦中解脫。

如果你的人生中還有煩惱和痛苦，那麼，你的處世態度、思維方式絕不是正確的，至少不是完美的。

除非真正認清自己的處境，否則你不可能認真、徹底

地改變自己。為了獲得幸福，先讓我們嘗試著放下自己的執著，放下你認為正確的，學習並習慣佛陀的處世態度、思維方式吧。

佛陀是出家之人，難道他也懂得人生幸福嗎？這個問題，寺廟中莊嚴殊勝的塑像無法給予我們答案，我們祇能從佛陀的言談舉止中探尋，祇能從浩繁的佛教經藏中探尋。

即使還沒有開始閱讀經藏，我們已經可以肯定，佛陀是懂得幸福的。想想看，佛陀覺悟的是什麼道理呢？一言以蔽之，是「解脫」的道理。無論是從宗教的還是世俗的觀點看，「解脫」都有擺脫苦惱、困境之意，這個結果本身就是令人感到幸福的。

佛教強調以般若智慧內證，打破無明煩惱，成就解脫之道。但佛教典籍中的名相並不好理解，玄奧的名相令人卻步，難以教給我們獲得幸福的技巧。幸運的是，經典中還有很多你能夠直接領悟的言辭，它們避免了昏沉，啟發了思考，告訴你佛法並非僅僅是高深的理論，並非僅僅是嚴苛的戒律，還是有趣的看待世界的方式。

為了感受和接受佛陀的幸福教育，以便我們能活出幸福的人生，就讓我們深入經藏，獲得如海的智慧吧！

目錄

第一篇 ● 怒忍 ∙ 1

憤怒傷人傷己

憤怒產生毒素

憤怒令人無惡不作

憤怒，因為心理不平衡

憤怒與外界無關

憤怒是被俯視的

關注對方的好

對方如鐵匠

不接納憤怒惡語的禮物

忍者無敵

忍辱三種境界

忍辱三要

忍辱的利益

誹謗也是一種憤怒

誹謗者是善知識

第二篇 ● 愛欲 ∙ 23

欲是繫縛

欲求無限

心不滿足是苦

所愛無常是苦

欲生攀嫉是苦

執著愛喜是苦

心苦，身亦苦

愛欲致行非法

愛欲除則苦、惡消

無欲則苦樂同

平息愛欲

無欲不是苦行

關於攀比

無明有愛入輪回

樂於無欲

第三篇 ● 愚痴 ・ 43

兩種愚痴

愚者的表現

愚者與智者

不與愚痴者為伍

寧毀智者，不讚愚者

愚者的朋友

愚痴與觀察

愚者觀人，智者觀己

愚痴之人不懂見微知著

第四篇 ● 慈悲 ・ 57

慈悲給人安樂

慈悲的原則——眾生平等

慈悲的原則——自他互易

慈悲的原則——自利利他

觀苦而起悲心

慈悲自己

慈悲是幫助他瞭解法

慈悲之人歡喜受惡

慈悲受安樂

慈悲與布施

第五篇 ● 和順畏慎 · 75

和順八事

和順不是軟弱

和順之人不欲人知其善

和順之人受人喜愛和信任

和順之人視一切矛盾由己產生

和順之人令他人和順

與人和順先護口

和順與批評

人生八戒

十事人不愛

三種禍患

三種輕賤

第六篇 ● 擇友 · *89*

染習

四品友

善、惡友

如何獲得善友

三要

四法

五事

七法

不友不如己者

《善生經》的教導

經營你的友誼

第七篇 ● 精進 · *109*

思想與行動

言說與行動

但觀自身行，不觀他人過

精進，針對所有品格

不要有所期待

有羞恥者真精進

精進要聞思修（行）結合

精進者轉惡為善

精進無間

非一蹴而就

不要把自己繃得太緊

精進要抓住要點

第八篇 ● 死亡 · *127*

　　正視死亡的存在

　　以死為苦的原因

　　在生死中達到涅槃

第九篇 ● 自在 · *137*

　　心決定苦樂罪福

　　欲求心還是清淨心

　　心的特徵

　　安心與智慧

　　安心與安樂

　　心安的境界

　　煩惱從心生，對治靠自己

　　煉心與護諸根

　　不要被法束縛

　　持戒不是束縛

　　馭心不是消極

　　不令心放逸

　　自我反省

　　將身、心分別對待

　　馭心必須勤奮

第十篇 ● 信仰 · *159*

佛陀是人不是神

佛陀行出世間行

迷信──源於畏懼自身的罪惡

迷信──源於無助

自己是最好的皈依處

皈依自己與信仰佛教

認清現在的你

信

有信則除惡近善

修善無所求

信仰，就是讓你不再消耗自己

信仰有助於氣質的培養

第一篇

怒忍

大海，它時而平靜，在夕陽的餘暉中泛著粼粼波光；它時而動蕩，暗流涌動，甚至駭浪滔天。我們的心靈，就是身內的大海，它比任何現實的大海都要遼闊無垠，比任何現實的大海都要變幻莫測。

大海平靜之時，無論遠近，所有看到它美麗景象的人都會感到欣喜；大海動蕩之時，靠近它的人會感到心驚肉跳，甚至受到傷害，遠離它的人平靜地告誡旁人，當心危險。這是一個顯而易見的事實。

當你發怒的時候，與你接近的人也會不適甚至受傷，而不相干的人，則會把你當做反面教材，告誡身旁的人。

沒人願意做別人的反面例子！認識憤怒的危害，明白不怒的益處，才能生出控制憤怒的意念；理解憤怒的本質，轉變待人待事的態度，才能最終從憤怒中解脫。

憤怒傷人傷己

斷恚得善眠，恚盡不懷憂，恚為毒根本，甘甜為比丘，賢聖能悉除，斷彼善眠睡。（《出曜經》）

憤怒的人，心中一直為憤怒之事籠罩，晝夜不能忘懷；斷除了憤怒的人，安臥睡眠，天曉不瘠。而能够徹底做到這一點的，就祇有賢聖之人。

若起瞋恚，自燒其身。其心噤毒，顏色變異。他人所棄，皆悉驚避。眾人不愛，輕毀鄙賤。（《正法念處經》）

憤怒，如火一般煎熬著你，令你在心中興起怨恨、毒害之意，從此，人們不再尊敬你，不再願意與你交往。

擊人得擊、行怨得怨、罵人得罵、施怒得怒。（《法句經》）

在這個世界上，多數人都信奉這樣一句話：你怎樣對待別人，別人就會怎樣對待你。對別人動怒之前何不先預測一下，別人會如何對你呢？

瞋者不知義，瞋者不曉法，無目盲暗塞，謂樂瞋恚人。（《中阿含經》）

忿怒不見法，忿怒不知道。能除忿怒者，福喜常隨身。（《法句經》）

胸中已然填滿了憤怒，就永遠無法徹見佛法，無法了知宇宙人生的規律，這樣的人永遠活在愚痴的境地。

幸福並不是上天賜予的，它來自對宇宙人生的深入瞭解，祇要改變憤怒的狀態，你就有條件去思考，你才可以福喜隨身。

人有瞋恚，習瞋恚，瞋恚所覆，心不捨瞋恚。彼作如是身、口、意行，使彼大失財物。所以者何？因瞋恚所覆，心不捨瞋恚故。（《中阿含經》）

憤怒讓你失卻財利。

人有瞋恚，習瞋恚，瞋恚所覆，心不捨瞋恚。彼雖好沐浴，名香塗身，然色故惡。所以者何？因瞋恚所覆，心不捨瞋恚故。（《中阿含經》）

憤怒讓你容顏醜惡。

人有瞋恚，習瞋恚，瞋恚所覆，心不捨瞋恚。彼惡名醜，聲周聞諸方。所以者何？因瞋恚所覆，心不捨瞋恚故。（《中阿含經》）

憤怒讓你惡名廣布。

憤怒產生毒素

毒無過怒。（《法句經》）

是否有人以為佛陀的言辭有些抽象甚至言過其實呢？在下結論之前，不妨先瞭解一例著名的實驗：

法國著名的化學家健德以及美國的心理學家艾爾馬凱，他們在從市場上能夠買到的肉類當中，都發現其中有一種叫做「麑（音pí）毒」的毒素。這種毒素的產生是由於動物在被宰殺的時候，由於痛苦情緒的刺激所釋放出來的。

艾爾馬凱還以人來做實驗，他說：「當一個人的情緒在激烈變化的時候，就有各種化學物質在體內分泌出來了。」甚至從我們嘴巴呼出來的氣體，其成分也與往常不同。他自己就曾經往一條冰冷的玻璃管裡吹氣，平時所凝結出來的是無色透明的液體，可是在悲傷、憤怒或是嫉妒的時候所凝結出來的液體的顏色和平常是不一樣的。

他又更進一步地實驗：他把某人發怒時呼出的氣體所凝結出的液體注射在別人或是動物身上，之後，被注射的人或動物一定也會生氣甚至勃然大怒，或至少是在情緒上

產生極大的變化。後來，他又將在人類嫉妒的時候所凝結出來的液體注射到老鼠身上，不到幾分鐘，這隻老鼠就被毒死了。

他還曾做過一個實驗，將一位母親刺激到出離憤怒，再以她的奶水餵她的孩子，結果那孩子也因為中毒而生病了。事實上，像這種嬰兒因吮吸憤怒母親的乳汁而中毒的案例在臨床上屢見不鮮，世界範圍內都是如此。

看到了嗎？生氣不僅會變老，而且很致命。佛陀在兩千五百年前就告訴了世人這個事實，可是，真正把他的教誨放在心上的又有幾人呢？

憤怒令人無惡不作

以瞋恚故，無惡不作。是故智者，捨瞋如火。（《正法念處經》）

發怒本身並不可怕，可怕的是發怒帶來的後果。一念瞋心起，百萬障門開。發怒使你變得衝動，不能冷靜地思考，以至於分不清是非善惡、輕重緩急。

宜審諦觀察，勿行卒成怒，善友恩愛離，枉害傷良善。喻如婆羅門，殺彼那俱羅。（《僧祇律》）

這裡蘊含著一則寓言。

佛陀說，一個婆羅門養了一條那俱羅蟲（或許就是蟒蛇之類的動物吧），十分愛惜，讓它看家護院。但他告訴妻子，若出門就要把家中嬰孩帶著。某天，婆羅門不在家，他的妻子把嬰兒放在庭院中，自己到鄰居家借東西。一條毒蛇欲吞嬰兒，那俱羅蟲將毒蛇咬死救了嬰孩，然後便在門口等待婆羅門回來。婆羅門回來時，看見妻子獨自在外，氣憤異常，又看見那俱羅蟲嘴邊有血，以為是它吃了嬰兒，立時打死了它。進院後看到現場，才發現錯怪了那俱羅蟲。

瞋者逆害父，及於諸兄弟，亦殺姊與妹，瞋者多所殘。
所生及長養，得見此世間，因彼得存命，此母瞋亦害。
無羞無慚愧，瞋纏無所言，人為恚所覆，口無所不說。
造作痴罪逆，而自夭其命，作時不自覺，因瞋生恐怖。
繫著自己身，愛樂無極已，雖愛念己身，瞋者亦自害。
以刀而自刺，或從崖自投，或以繩自絞，及服諸毒藥。
（《中阿含經》）

憤怒者可以無羞恥心，可以殺害自己的親人，還可以自殺自殘，這些因憤怒而導致的惡行，造成的悲劇，哪一齣沒有上演過？

憤怒，因為心理不平衡

人若罵我，勝我不勝，快意從者，怨終不息。（《出曜經》）

在彼此產生的矛盾中，期待著自己能夠勝出，對他人的言談舉止耿耿於懷，怨恨就永不停息。

過去世時，阿練若池水邊有二雁，與一龜共結親厚。後時池水涸竭，二雁作是議：「今此池水涸竭，親厚（按：指龜）必受大苦。」議已，語龜言：「此池水涸竭，汝無濟理，可銜一木，我等各銜一頭，將汝著大水處。銜木之時，慎不可語。」即便銜之，經過聚落，諸小兒見皆言：「雁銜龜去，雁銜龜去！」龜即瞋言：「何預汝事！」即便失木，墮地而死。（《五分律》）

有人說，這衹烏龜真傻！不見得。雁子飛到村落之前，小兒喊叫之前，烏龜把木枝咬得緊緊的，它本是不傻的。

烏龜之所以說話，不是因為它傻，而是因為它的不忿，它不容許別人誤解它，不容許別人看扁它。

我們想要克制自己的憤怒，首先就要明了憤怒的根本，佛陀用寓言教導我們：憤怒，因為心理不平衡！

一隻老鷹抓到了一隻小鳥，名叫羅婆。羅婆自責沒有

待在田埂中，以致有此厄運。老鷹生起憍慢，便把羅婆放在田埂中。羅婆站在堅石上，欲與老鷹搏鬥。這時：

鷹則大怒，彼是小鳥，敢與我鬥？瞋恚極盛，駿飛直搏，於是羅婆入於塊（石）下，鷹鳥飛勢，臆（胸）衝堅塊，碎身即死。（《雜阿含經》）

老鷹的死源於它的怒火，而它何以由驕慢的心態直轉為瞋恚呢？依然是心理的不平衡！

憤怒與外界無關

愚者自生恚，結怨常存在。（《出曜經》）

有人說，誰想發怒啊，還不是外界惹的？

如果你也作如此想，那麼請問，上面寓言中，烏龜與老鷹熾盛的怒火果真是外界引起的嗎？因為心理的不平衡，烏龜奮不顧身地與人爭吵；因為心理的不平衡，老鷹奮不顧身地衝向堅石。

有誰看到通過爭吵而解決矛盾的嗎？有誰沒聽過善戰者不怒之類的話呢？

儘管解決不了任何問題，甚至還會給自己帶來傷害，人們卻依然憤怒，認為自己是被動者，是受害者，認為自己有充分正當的理由發怒。正因為如此，怨憤便隨時隨地

都可能產生了，而這一切豈不是完全由自我造成的？

與其說是別人讓你憤怒，不如說自己的修養不夠。

小小不善業，慧者了能除，當堪耐是行，欲令無惡色。（《中阿含經》）

憤怒，可以通過自己的智慧去消除。

憤怒是被俯視的

《雜阿含經》載，有阿修羅王，與帝釋大戰，修羅戰敗，被繩綁索捆押到天宮。帝釋每從此門出入時，阿修羅王都在門側怒罵，帝釋卻從不還口，也不生氣，御者便以偈問帝釋：

（帝）釋今為畏彼？為力不足耶？能忍阿修羅，面前而罵辱。

帝釋回答：

不以畏故忍，亦非力不足。何有黠慧人，而與愚夫對。

御者說：

若但行忍者，於事則有缺，愚癡者當言，畏怖故行忍。是故當苦治，以智制愚癡。

帝釋回答：

我常觀察彼，制彼愚夫者，見愚者瞋盛，智以靜默伏。

非力而為力，是彼愚癡力，愚癡違遠法，於道則無有。

若使有大力，能忍於劣者，是則為上忍。無力何有忍？

於他極罵辱，大力者能忍，是則為上忍。無力何所忍？

於己及他人，善護大恐怖，知彼瞋恚盛，還自守靜默。

於二義俱備，自利亦利他。

謂言愚夫者，以不見法故，愚夫謂勝忍，重增其惡口。

未知忍彼罵，於彼常得勝。於勝己行忍，是名恐怖忍。

於等者行忍，是名忍諍忍。於劣者行忍，是則為上忍。

在御者看來，忍就是示弱的表現，會讓人笑話。在帝釋的心中，憤怒之人就是愚癡之人，他怎會把自己降低到這個層次？當我們親身面對相似的事件時，我們都或多或少地存有御者的想法，可是，當我們從事件中跳出來看時，我們會幹同御者的說法嗎？

如果你說，這個故事祇適合那些強勢的人，站在高處的人，不適合平凡的人甚至弱勢的人，那麼，你還是沒有體會「未知忍彼罵，於彼常得勝」的本意。

發現了嗎？別人向你發怒，是因為某種原因導致他心裡不如意，他要開闢第二戰場，傾瀉內心的憤怒。他任何的言語和行為的最終極、最深層的意義，就是要使自己達到心靈的平靜。

他千方百計爭取的，卻是你已經擁有的。與發怒的人相比，無論他是何種人，無論他處在什麼境地，此時，你都是高高在上的！

如同上了大學便不再需要去反復回顧高考的痛苦與糾結一樣，你不需要理會他的所為，你衹需要俯視他，衹需要保持平靜的狀態。如果你領悟到了這些，你會接受他的宣戰（或隱或顯），被他拖入戰場，從而打破自己心中的寧靜嗎？

他自可傾瀉他的憤怒，而當他傾瀉了自己的憤怒，並以為你終於示弱了，他的心情便平靜了，於是，你的世界也安靜了。

惡人害賢者，猶仰天而唾，唾不污天，還污己身；逆風坋人，塵不污彼，還坋於身。賢者不可毀，禍必滅己也。（《四十二章經》）

俗語道：禍福無門，惟人自召。對別人惡言相向，除了讓別人嘲笑其鄙陋之外，還能有什麼別的作用呢？搬起石頭砸自己的腳，卻依然自喜的人，需要的是忍受，還是憐憫呢？

關注對方的好

若眾生加諸瞋惱，當念其功德；今此眾生雖有一罪，更自別有諸妙功德，以其功德故，不應瞋之。（《大智度論》）

當我們對某人生氣時，通常祇是針對一些特定的事、幾句粗魯的話、一個特殊的眼神，甚至一個無心的舉動，時間也是相當的短暫。然而在我們心裡，那個人的其他部分不見了，祇剩下啓動我們心中按鈕的那個部分。當我們這麼做時，其實是將對方整個人很小的一部分抽離出來加以放大。我們並沒有看見那個人的其他部分，祇是全神關注那個會讓我們生氣的部分。

把目光放在別人的好上，就很容易原諒別人的不好。

對方如鐵匠

此人若罵若打，是為治我；譬如金師煉金，垢隨火去，真金獨在；此亦如是。（《大智度論》）

你會說，如果我沒錯，我自然不用忍受別人的打罵。對錯沒有絕對，站在你自己的角度，你永遠都是對的；站在別人的角度，你會發現，別人的嗔怒自有其產生的理由。

事實上，對方是在教導你下次如何處理此類事件呀！

不接納憤怒惡語的禮物

（別人）罵止，（佛）問曰：「子以禮從（送）人，其人不納，實禮如之乎？」曰：「持歸。」「今子罵我，我亦不納，子自持歸，禍子身矣！猶響應聲，影之追形，終無免離，慎為惡也。」（《四十二章經》）

佛陀對罵他的人說，你送禮給人，人家不收，你怎麼辦？罵人之人說，把禮品拿回去。佛陀說，現在你罵我，我不收，你也要拿回去，這不是在給自己找禍害嗎？所以，以後不要隨便惡語傷人了！

面對別人的故意挑釁，你也可如是思維，便自然熄滅了怒火。

忍者無敵

比丘當知！怨不息怨，忍乃息怨，是如來正法。（《出曜經》）

慍於怨者，未嘗無怨。不慍自除，是道可宗。（《法句經》）

若以諍止諍，至竟不見止。唯忍能止諍，是法可尊貴。（《中阿含經》）

如果別人傷害你，侮辱你，你的瞋心將不斷增加，而

且不會平靜下來。你會想到報復，且越想，報復的欲望就越強。

你認為這是正常人的反應，不，這祇是一般人的反應，這祇是人類形成的習慣，卻並不正常。

正常的反應應該是導致你幸福的反應，而不是使侮辱和傷害也發生在別人身上的反應。

對怨恨你的人心存怨恨，並不能消除彼此間的怨恨；反之，寬恕並忘記別人的過錯，對其心存忍讓，對方的憤怒就不會增加，也許怨恨會自然消失，彼此就不會發生爭吵。這樣你就會更理性地面對任何事情。這是如來正真的教法，是人人應該效法的為人準則。

想要融化寒冰，你是把它放在零度以下的環境中，還是把它放在溫暖的地方呢？如果你明白融化寒冰的道理，為何不把它運用在做人上呢？

忍辱三種境界

健夫度恚，從是脫淵。（《法句經》）

憤怒就是萬丈深淵，人一旦深深陷入憤怒當中，就如同陷入了萬丈深淵，受盡苦楚，難以脫離。祇有堅強有力的人才能夠從憤怒中將自己解脫出來，如同從萬丈深淵中

出離一樣。

脫離憤怒就是脫離受罪，這是第一種境界。

夫為惡者，怒有怒報；怒不報怒，勝彼鬥負。（《法句經》）

對於惡人來說，別人對他發怒，他便以憤怒相向；相反，善人對於別人的憤怒不以憤怒還之，這種行為遠勝兩者相互爭鬥。

脫離憤怒是一種善行，這是第二種境界。

以下是第三種境界。

能自制，如止奔車，是為善御，棄冥入明。（《法句經》）

盛瞋恚能持，如制逸馬車，我說善御士，非謂執繩者。（《雜阿含經》）

《莊子·養生主》記載了庖丁解牛的故事，庖丁說，優秀的廚師一年換一次刀，一般的廚師一月換一次刀，這僅僅是一種技術，我已經超越了技術層面，上升到探討事物規律（道）的層面了。

佛陀也如是說。他說，一般的車夫祇能稱作「執繩者」，對於馬的控制無非是通過勒緊繮繩來實現的。而能

够制伏驚逸的馬的車夫，絕非是緊勒繮繩即可了事，稱得上是「善御士」，兩者有明顯的高下之別。

俗話說心猿意馬，我們的心思如同猿猴與奔馬一樣，無片刻安定，難以控制！能夠在盛怒之下控制住自己，也絕非單純地壓抑憤怒就能做到。所謂「去冥入明」，上面這句經文中包含著對憤怒本質的理解，包含著對佛法的深刻體認。

見怒能忍，是為梵行。捨恚行道，忍辱最強。（《法句經》）

何謂梵行？按照佛教的說法，那是修行之人的標準行為，是清淨無欲的行為，是通向成佛的必由之路。

無恚亦無憂，除煙無貢高，調御斷瞋恚，滅訖無有漏。（《中阿含經》）

前面的各種境界中，憤怒還是存在的，而在這個層次中，憤怒已經被捨棄。

所謂忍者，不見過咎，是與不是，乃名為忍。（《出曜經》）

最高層次的忍辱，超越了是非對錯的局限，心中不存

忍辱之念。常常看見別人是非的人，活得好辛苦；從來不看別人是非的人，活得最幸福。

　　受辱心如地，行忍如門閾，淨如水無垢，生盡無彼受。（《法句經》）

　　忍辱要無分別，有分別就一定有好惡！

　　大地承納淨物，亦承納穢物，地不作是念：我當捨此，我當受此。智者也是如此，若人嘆譽不以為歡，有毀謗者不懷憂戚。

　　有人踩踏門檻，有人跨步而過。門檻不作是念：此人踩我，此人惜我。智者也是如此，不因人的粗暴而氣惱，不因人的和氣而親近。

　　當你的心像清澈的水一樣乾淨之時，你便達到了忍辱的最高境界。

　　忍辱，不是一朝一夕的事業，它是一種持久的修為，起自呼吸之間，直至生命的最後一刻。從強壓怒火到無恚無憂，不僅關係到忍耐力、心胸的大小，更有智慧的思考在其中。

忍辱三要

我自憶昔五百歲中，為諸魔羅之所訶毀，未曾於彼起微恨心，常興慈救而用觀察。（《菩薩藏經》）

佛陀過去世修菩薩道時，惡魔化作五百健罵丈夫，尋逐著他，持續惡罵，滿五百年，未曾休廢。對此，佛陀的反應有三個要點：第一，無恨心；第二，興慈救；第三，用觀察。

第一，無恨心：

真正的忍辱不是懦弱，不是強壓怒火，所以不會憋悶異常，不會有怨恨的心理。如果你在忍辱之時感到憋悶，產生怨恨，你還需多多思考。忍辱是耐心，是智慧。

第二，興慈救：

有人聞佛道守大仁慈，以惡來，以善往，故來罵。佛默然不答，愍之癡冥狂愚使然。（《四十二章經》）

汝今，羅雲！當修行慈心，已行慈心，所有瞋恚皆當除盡。（《增一阿含經》）

憤怒之時，別考慮如何發泄，你不是運載憤怒的工具，怒火本源於你自己，也必須由你來熄滅。讓它歸於你的掌握，而不要讓它牽著你走。

憤怒，給雙方都造成了傷害，有百害而無一利。慈悲，就像汽車的安全氣囊，給你時間，使你能够選擇自利

利他的道路。不寬恕眾生，不原諒眾生，苦了別人，也苦了你自己。

第三，用觀察：

人生萬象，你可能會遇到各種憤怒之事，當事件發生時，首先客觀地觀察自己和對方的出發點與心態，找到深層的原因。如何做到客觀？慈悲別人，站在別人的角度看待事件。

你甚至祇需幾秒鐘就可以找到原因，就在這幾秒鐘，你的怒火已然減弱了。失去了衝動的憤怒，已然不是威脅。你慢慢地觀察它，直到發現它虛幻的本來面目。

忍辱的利益

修忍辱故，遠離眾惡，身心安樂，是名自利；化導眾生，皆令和順，是名利他；以己所修無上大忍，化諸眾生令同己利，是名俱利。（《發菩提心論》）

誹謗也是一種憤怒

人相謗毀，自古至今，既毀多言，又毀訥忍，亦毀中和，世無不毀。

……

一毀一譽，但為利名。（《法句經》）

人們很少無緣無故去誹謗別人，一切的誹謗都是在利、名的驅動下發生的；人們很少去誹謗自己喜愛的人，被誹謗的，多是心中厭惡的人。所以，誹謗是憤怒的一種表現形式。

佛陀說，自古及今，人們都有互相謗毀的毛病。善於言辭的人，有人說他多言；言辭樸拙的人，有人說他愚訥；言語中和的人，有人說他圓滑。世上的人沒有不毀謗別人的。

你或許覺得佛陀這麼說有些極端，那麼何不把自己放在利、名的驅動機制下檢討一下呢？那時，你依然認為佛陀的話很極端嗎？

如果你的心靈並非那麼純潔，生活中的每一件事都可能成為毀謗別人的平臺。你就是不能中肯地評說別人的優點，你就是不能慈悲地對待別人的不幸，如此這般都是誹謗的因子，衹是有些是顯性的，有些深埋在你的內心深處而已。

誹謗者是善知識

彼誹謗者於我有恩，應當供養。（《大莊嚴論》）

面對誹謗，你會憤怒和報復嗎？在佛教看來，誹謗者是我的善知識，對我有恩。

誹謗者為何於我有恩？

因為誹謗者使你成為受關注的人，給了你展示自己的機會。你的優點（如果是缺點，誹謗便不再是誹謗了）因為誹謗者的緣故而受到關注，是誹謗者為你搭造了展示自己的舞臺。

而這一切，都是誹謗者在默默無聞中完成的。人生如戲，作為舞臺上的主角，你要永不放逸、時時完善，爭取演得最好，這才不會「辜負」了為你搭建舞臺的誹謗者。

你要永遠感謝給你逆境的眾生。

第二篇

愛欲

佛陀覺悟的四諦——苦、集、滅、道是四條人生的真理。他告訴我們，人生的本質是苦，人生痛苦的根源主要由貪嗔癡造成，解脫一切痛苦的和平安樂境界是涅槃以及到達涅槃境界的方法。

　　對於世間人而言，苦諦具有普遍的真實性。然而，苦的事實，卻不是顯而易見的。因為人們總是固執地認為這個世界上總有某些事物是快樂的、可愛的，決不能說一切都是苦的。這正是人們不能解脫的緣故。

　　貪就是愛欲，是一種向外的追求，以此滿足自己的渴望。表現為由渴望到追求，由追求到占有，由占有再到進一步的渴望，不斷擴大、永不滿足。這樣，你便有了太多的負重，煩惱叢生，不得自由。

　　去除你的貪婪，放下過多的愛欲，你才能真正感受生活的樂趣。

欲是繫縛

——尊者摩訶拘絺羅！譬如二牛，一黑一白，共一軛鞅縛繫，人問言：為黑牛繫白牛，為白牛繫黑牛？為等問不？

——不也，尊者舍利弗！非黑牛繫白牛，亦非白牛繫黑牛，然於中間，若軛、若系鞅者，是彼繫縛。

——如是，尊者摩訶拘絺羅！非眼繫色，非色繫眼，乃至非意繫法，非法繫意，中間欲貪，是其繫也。尊者摩訶拘絺羅！若眼繫色，若色繫眼，乃至若意繫法，若法繫意，世尊不教人建立梵行，得盡苦邊，以非眼繫色，非色繫眼，乃至非意繫法，非法繫意，故世尊教人建立梵行，得盡苦邊。（《雜阿含經》）

六根（眼、耳、鼻、舌、身、意）接觸六塵（色、聲、香、味、觸、法），而產生各種各樣的煩惱。這是因為，其中有了欲愛這根繩子綁著。就像因為有牛軛套著，皮帶綁著，才能讓黑牛與白牛並肩拉車一樣，而不是六根一接觸到六塵，就必然要產生染著與煩惱的，否則，就無從修起了。修行，就是在說服自己，決心做到：離開欲愛這根繩子的繫縛與支配。

欲求無限

諸有眾生，與欲愛想，便生欲愛，長夜習之，無有厭足。（《增一阿含經》）

人們心中想著欲愛，欲愛的需求就不由地生起來了。這是長久以來人們的習性以及行為的模式！欲愛，就像個無底洞，永遠都填不滿。

眾生未離欲，為欲愛所食，為欲熱所熱，而行於欲。如是，欲轉增多，欲愛轉廣，然彼反以欲愛為樂。（《中阿含經》）

欲愛，催促著人們不停地追求著。追求中的人們，忍受著所求未得的煎熬（為欲熱所熱）；而得手的人們，在成功的歡悅下，很快地，就忘了從前經歷的煎熬，反而以欲愛為樂。於是，欲愛就更多了。像這樣，人們沉迷於欲海之中而不能自拔，就像甘心為欲所食一樣。

各各求所安，數數受苦惱。（《增一阿含經》）

追求幸福安寧的生活是人的本性，然而，即使在那些無災無病、有吃有穿之人的口中，卻也常常發著不如意事常八九的慨嘆，這到底是為何呢？一定要有這樣的意識，如果你不給自己煩惱，別人就永遠不可能給你煩惱。

心不滿足是苦

天雨七寶，欲猶無厭，樂少苦多，覺者為賢。（《法句經》）

即使天上降下的全是七寶（七種珍寶，又稱七珍，即金、銀、琉璃、玻瓈、硨磲、赤珠、瑪瑙）之雨，人們的心依然無法滿足，還會有更高層次的欲望產生。不滿足，就不快樂，不快樂，就是苦。永遠不滿足，即永遠是苦。正是欲愛的無限，導致了苦痛的產生啊！

所愛無常是苦

若愛生時，便生愁慼、啼哭、憂苦、煩惋、懊惱。（《中阿含經》）

諸欲求時苦，得之多怖畏，失時懷熱惱，一切無樂時。（《大智度論》）

在佛陀時代，有一位梵志，他所疼愛的獨生子死了，他哀傷過度，不吃不喝也顧不了自己的儀容，每天祇顧到兒子的墳墓去哭，沒有辦法過正常人的生活。佛陀因而為他作了這樣的開導。然而，這位梵志雖然活生生地經歷了這樣的痛苦，卻仍然無法覺悟，聽不進佛陀的開導，調頭就走。

「無常」是宇宙人生的真相，永恒不變。對凡夫來說，由於對「常」的執著，愁憂、傷感、懊悔總是不可避免地在愛的後面，悄悄地、緊緊地跟隨著。然而，人們總是祇顧著追求和歌頌眼前的愛，有意無意地，忽視跟在後面的愁憂與怨憎，不願意去正視它。

欲生攀嫉是苦

利養心重，敗人善本，令人不到安隱之處！（《增一阿含經》）

利養，特指僧人所獲得的財利。對財利的貪著，可以敗壞僧人的修道之心。己得利養，別人不得，便生貢高（驕傲自大）之心；見人得利養，而自己無有，便生出怨憤、嫉妒之心，打破修道者的安寧心境。

這個道理放在俗世的生活中，也總是能夠得到印證的。

嫉先創己，然後創人，擊人得擊，是不得除。（《法句經》）

嫉妒的本質是意願未得到滿足，其所生的原因是多種多樣的，但均是惡念。無論意圖是否達成，在惡念升起的

一剎那，心中都會直覺地感到極端的不快甚至痛苦。惡意待人之時，其無形的反作用已先傷害了自己。

這種心理感受，不僅僅由嫉妒帶來，任何負面的心思，在發生的那一刻都會有這樣的感受。

執著愛喜是苦

人為恩愛惑，不能捨情欲，如是憂愛多，潺潺盈於池。（《法句經》）

愛情是一個多麼高尚的字眼，人們常說，真正的愛情不是擁有所愛，而是要所愛之人幸福。

然而事實上，更多人是把愛人牢牢地綁在自己身邊，設置了無數的界限。祗有對方不走出界限時，自己才開心；一旦對方越界，自己就會痛苦、發怒。天下不知道有多少人為愛而苦惱！更有甚者，因愛生恨，因情施害，此等情狀也不勝枚舉。

於色、受、想、行、識愛喜者，則愛喜苦。愛喜苦者，則於苦不得解脫。（《雜阿含經》）

欲受一切樂，當捨諸愛欲，已捨諸愛欲，永受無窮樂。（《出曜經》）

我們把經驗分類，並試圖捕捉每一個感受、每一個心靈的變化，再把它們分別放入「好」、「壞」、「不好不壞」三個盒子裡。之後，我們以一組固定的、習慣性的心理反應產生認知。

　　如果一個感受被標示為「好」，我們就會嘗試將時間定格，緊抓住那個感受不放，撫弄它、把玩它，嘗試不讓它跑掉；當它留不住時，我們便竭力重複那個會引起這種感受的經驗，這就是執著。相反，我們排斥那個壞的感受，忽略那個不好不壞的感受，這一切導致我們無止境地追求歡樂，無止境地逃避痛苦，以及無止境地忽略我們百分之九十幾的經驗。

　　最後呢？我們卻感嘆，為什麼生命如此乏味！

　　想要生活得豐富多彩，就別把關注的目光僅僅集中在愛喜的事物上。

心苦，身亦苦

　　多想致病，豈知非真？（《法句經》）

　　苦痛源於欲愛，不僅僅體現在心理上，還表現在身體上。或貪財色，或貪權位，心未滿足，而精神萎靡者有之，臥床不起者有之，甚至因此而病入膏肓者亦有之。可

是，誰又能知道，所求的這些，都是非真的幻影而已。

如果你說，我本不求它永恒的存在，祇要一段時日就好，這祇是自欺欺人。親情、愛情，你已然知道它無法永恒地存在，可是，當你失去的時候難道沒有憂愁？

非真的意義，不僅僅由無常體現，還在於滿足與欲求之間的落差。

得不到的東西，我們會一直以為它/他/她是美好的，那是因為你對它/他/她瞭解太少，沒有時間與它/他/她相處在一起。當有一天，你深入瞭解後，你會發現原來不是你想象中的那麼美好。

滿足了，你求得更多，病就更厲害；放下了，心情輕鬆，病也沒有了。

愛欲致行非法

如是貪無利，當知從癡生，愚為此害賢，首領（人頭）分於地。（《法句經》）

嗜欲自恣，非法是增。（《法句經》）

芭蕉以實死，竹蘆實亦然，驅驢坐妊死，士以貪自喪。（《法句經》）

貪欲無厭，消散人念，邪致之財，為自侵欺。（《法

句經》）

貪愛不但讓自己的身心受苦，還直接產生了愚痴的行為。貪愛之人可能做下損人利己的事情來，也能做出損人不利己的事情。

愛欲除則苦、惡消

若不斷欲、不離欲愛，內息心，已行、當行、今行者，終無是處。（《中阿含經》）

如果不斷除對愛欲的執著，就永遠做不到內心的沉著與安詳。所以說：

愛欲生憂，愛欲生畏，無所愛欲，何憂何畏？（《出曜經》）

若猗於愛，心無所著，已捨已正，是滅眾苦。（《法句經》）

除滅愛欲，不是讓你不吃不喝、不觀不想，愛欲之物就在你身旁（猗），你可以正視它，甚至把玩它，可是，你就是不去執著它。這樣，你就除滅了各種痛苦了。

道務先遠欲，早服佛教戒，滅惡極惡際，易如鳥逝空。（《法句經》）

是欲望令人產生惡念，並由惡念產生了惡言惡行。即使反復告誡自己不要對人有惡言惡行甚至惡念，那也是沒有用的。祇有清除心中的欲望，才會從根本上清除惡念惡言惡行。

無欲則苦樂同

大人體無欲，在所昭然明，雖或遭苦樂，不高現其智。（《法句經》）

真正體悟到無欲的人，任何時候，心都是朗然明澈的，清除了欲望對他的干擾。因為無欲，對生活中的苦樂都能夠坦然接受，不會蠅營狗苟。

然而，千萬不要把無欲理解為不作為，消極。「在所昭然明」指的是洞察自己的處境，對其清楚明了。「不高現其智」指不執著地為了離苦得樂而謀劃，那不是自在的生活。祇有無欲的胸懷，才能做到隨遇而安。

平息愛欲

欲樂著無厭，以何能減除？若得不淨觀，此心自然無。

著欲不自覺，以何悟其心？當觀老病死，爾乃出四淵。（《大智度論》）

對男女的情欲，人們極盡貪著之感，自然無法追求無欲。為了讓自己步入無欲的殿堂，首先可以嘗試以不淨觀來訓練自己的心——

為治貪心，觀身之不淨。此中有二：一者觀自身之不淨，二者觀他身之不淨。

觀自身不淨有九相：一死相，二脹相，三青淤相，四膿爛相，五壞相，六血塗相，七蟲啖相，八骨鎖相，九分散相。

觀他身不淨有五不淨：一種子不淨，是身以過去之結業為種，現以父母之精血為種；二住處不淨，在母胎不淨之處；三自相不淨，是身具有九孔，常流出唾涕大小便等不淨；四自體不淨，由三十六種之不淨物所合成；五終竟不淨，此身死竟，埋則成土，蟲啖成糞，火燒則為灰，究竟推求，無一淨相。

如此習慣之後，貪著之心自然消失了。

我們早已習慣了欲望，對於自己的所作所為，覺察不出欲望的存在，這如何是好呢？

那就首先從觀察、思維最根本的無常——生老病死開始，然後逐步擴展，直至生命中一切諸法。

聚落主，若眾生所有苦生，彼一切皆以欲為本：欲生，欲習（集），欲起，欲因，欲緣而生眾苦。（《雜阿含經》）

苦源於愛欲，滅苦就是要滅愛欲。然而，知己知彼，百戰百勝，想要戰勝愛欲，自然也要充分地瞭解愛欲。愛欲的本質是相同的，都是一種向外的追求，以此滿足自己的渴望。但是，愛欲的表現形式則是千差萬別的。

如果你想減少、消除你的欲望，而不是美化或者壓抑它的話，在欲念發生之時，就要觀察自己的內心，感受欲念給你帶來的感覺，思考欲念產生的主要原因、次要原因，如實地認知它。如果能從熾盛的欲念中稍稍挪出一點注意力，來思考自己的欲念，那麼，對欲念的平息就已經跨出重要的第一步了。

開始時，你會覺得勉強，但那祇是不習慣而已。你會發現，你的欲望是如此的繁雜，你的心境是如此的混亂。而借由練習，這種習慣會代替你對欲望的忽略、美化、壓抑等心理，一旦熟悉之後，你就可以很容易地整理你的心靈，欲望也就不攻自破了。

夫去欲者，以不淨觀除之。欲從想生，以興想念，便生欲意，或能自害，復害他人，起若干災患之變，於現

法中受其苦患，復於後世受苦無量。是故，當除想念，以無想念，便無欲心，以無欲心，便無亂想。（《增一阿含經》）

情欲的平息，在外，可以應用不淨觀，儘量將注意力擺在實際上不美好的地方，並且，擴大這樣的注意力。在內，由於這樣轉移注意力，還可以中斷內心美麗而不實在的想象與編織。欲念，主要是起源於想，應當從消除想念下手來作舒解。

（釋提桓因）白世尊曰：云何比丘斷於愛欲，心得解脫，乃至究竟安隱之處，無有諸患，天、人所敬？

爾時，世尊告釋提桓因曰：於是，拘翼！若是比丘聞此空法解無所有，則得解了一切諸法，如實知之。身所覺知苦樂之法，若不苦不樂之法，即於此身觀悉無常，皆歸於空。彼已觀此不苦不樂之變，亦不起想，以無有想，則無恐怖；以無恐怖，則般涅槃。（《增一阿含經》）

欲愛，還是執著的一環。解決之道，仍然是在觀察周遭，尤其是觀察自己的身心悉皆無常，體會沒有什麼是可以擁有的，才能保持不執著。觀察，應當以如其事實、不帶成見的求真態度（如實知之）。這是修行上最必要培養與鍛煉的能力。

無欲不是苦行

莫求欲樂，極下賤業，為凡夫行，是說一邊；亦莫求自身苦行，至苦非聖行，無義相應，是說二邊。離此二邊，則有中道，成眼成智，自在成定，趣覺，趣於涅槃。（《中阿含經》）

追求欲樂，是欲貪的表現，這樣的人受人鄙視。

而苦行，不是解脫的關鍵，追求苦行，與解脫不相呼應，也就沒有意義了。

我們行無欲，祇是要放捨對人生的執著，其目的是創造幸福的人生，並不是走向艱難的苦行。正確的做法，是揚棄欲樂與苦行，處於不執著的正確道路，佛陀稱之為「中道」。

關於攀比

勿輕自所得，勿羨他所得，比丘羨他得，不入三昧地。（南傳《法句經》）

佛陀曾說，僧眾啊，滿足於袈裟、食物、住所和修行，脫離物質的繫縛，不再傲慢，也不羨慕別人。僧人應不倦於此，保持清醒。

正所謂「由儉入奢易，由奢入儉難」，物質的享受可

能給你帶來一時的舒適，對物質的攀求卻能够給你帶來一生的焦慮。

善人修德，慕求良伴，見惡知識，終以遠離。（《出曜經》）

以覺意得應，日夜慕學行，當解甘露要，令諸漏得盡。（《出曜經》）

攀比名利祇會增加人的煩惱，而攀比事業雖能增強人的意志和信心，使人積極進取，但也會給人帶來焦慮。

看看自己身邊有沒有良師益友，看看自己有沒有淵博的學識、高尚的行為，更要看看自己有沒有體悟幸福人生的慧眼。這才是你真正應該攀比的。

無明有愛入輪回

眾生於無始生死，無明所蓋，愛結所繫，長夜輪回生死，不知苦際。譬如狗，繩繫著柱，結系不斷故，順柱而轉，若住、若臥，不離於柱。如是凡愚眾生，於色、受、想、行、識不離貪欲，不離愛，不離念，不離渴，輪回於色、受、想、行、識，隨色、受、想、行、識轉，若住、若臥，不離於色、受、想、行、識。（《雜阿含經》）

貪欲、瞋恚、憍慢、痴、疑、見、欲世間；此七使，使眾生永處幽暗，纏結其身，流轉世間，無有休息，亦不能知生死根原。猶如彼二牛，一黑一白，共同一軛，共相牽引，不得相遠。由此七使，便有三惡趣：地獄、畜生、餓鬼；由此七使，不能得度弊魔境界。（《增一阿含經》）

使，通常以煩惱的概念來詮釋。然而，使，亦含有驅使的意思。七使，就是七種驅使眾生、流轉生死的力量。經文又說，七使之中，以貪欲使與無明（痴）使領銜，其餘五使，追隨在後。

這就可以歸結眾生的生死為無明所蓋，愛結所繫了。什麼是無明呢？根深蒂固，不符合事實真相的認知與衝動，統稱為無明，這是屬於理智上的染著。其中，又當以執著有我的錯誤認知最為主要。

貪愛，雖然是根源於無明而表現於情感之上，然而，屬於情感上的貪愛，更能增加理智上的混沌呢！

就這樣，人們被貪愛這條繩子圈在無明這根柱子上，一直在生與死中間漂泊，離不開長夜輪回生死的苦海。

愛為網、為膠、為泉、為藕根、為亂草、為絮，從此世至他世，從他世至此世，往來流轉，無不轉時。（《雜

阿含經》）

愛（執著的），就像一張縱橫糾葛、錯綜複雜的天羅地網，叫人難以脫離；也像隨風輕飄、處處附著的芒絮，不知不覺地就又黏上來了，泉涌不斷地與眾生形影相隨，而且從這輩子跟到下輩子，永遠沒有止息的時候。當自警惕啊！

樂於無欲

心難見，習可覩，覺欲者，乃具見。（《法句經》）

心念渺難見，習氣（長久以來受到社會和個人習慣的影響而產生的行為慣性）可覩心：了悟欲望是禍根，便已具備真見識。

想要無欲，首先要觀察自己的欲望。但我們已經習慣了自己的追求，不再知曉什麼是欲望，什麼是正常的需求。

為了糾正這樣的錯誤，我們可以從最淺顯的追求著手，一點一點地觀察，發現一個欲望，嘗試清除它，再進行下一個。你會發現，沒有這些欲望，你的生活依然精彩，更重要的是，你的身心更加輕鬆。

以依信故，樂於無欲者；以貪利稱譽求供養故，樂於遠離者；以依戒故，樂於無諍者，不應如是觀。但欲盡、恚盡、疑盡，是樂於無欲；樂於遠離；樂於無諍；樂於愛盡；樂於受盡；樂心不移動。（《中阿含經》）

不是因為信仰，不是為了贏得敬仰，也不是因為戒律的規定，而樂於無欲的。實在是因為：已經如實地瞭解了貪欲的禍患，而致力於貪欲的去除，樂於安住無欲的。

第三篇

愚痴

佛教所謂的愚痴的人，不是生理上有疾病、意識上有缺陷的人，而是指不諳佛理，不懂得正知正見的人。

　　貪、嗔、痴是佛陀所強調的三毒，而痴是三毒中最根本的一個。以痴為根源才發展出貪和嗔，如果沒有痴，也就不會有貪和嗔了。所以佛陀特別強調痴是一切煩惱和痛苦的根本，要想解脫，必須斷除愚痴才行！

　　斷除愚痴，既要斷除愚痴的種子，又要斷除愚痴的環境。

兩種愚痴

不寐夜長，疲倦道長，愚生死長，莫知正法。（《法句經》）

對於睡不著覺的人而言，夜晚是漫長的；對於身體疲倦的人而言，道路是漫長的；對於愚痴的人而言，生死輪回是漫長的——因為他不懂得解脫痛苦的正法！

愚惟汲汲。（《法句經》）

以欲網自蔽，以愛蓋自覆，愚情自恣縛，如魚入釣手。（《法集要頌經》）

愚痴的人，被欲愛所包圍，不得自由，就像魚兒被釣鈎所勾，難以逃脫。

你無時無刻不在追求著，不管追到與否，你逼迫著自己的心不斷地攀援。你花了幾年、幾十年甚至一輩子的時間去追求那個叫成就感的東西，再用這個成就感去換幸福。就像做交易一樣，有時你感到欣喜若狂，有時你感到抑鬱難當——從來沒有反省的覺悟。

而換來的幸福祇是短暫的亢奮！

你以為你在追求幸福，你以為要得到幸福就必須付出代價，這成了你一生的信條。你逼迫自己每天攀援，無怨無悔，這種人生不是很漫長嗎？

幸福衹是一種心境！衹要你改變你的信條，讓你的心從持續不斷的攀援中解脫出來，你就可以直接擁抱它，知足常樂，安詳自在，時時生活在幸福當中。

愚人著數，憂感久長。（《法句經》）

愚痴之人內心黏著於命運，從而長久地憂愁煩惱。

他們認為人和社會的變化是命運決定的，特別是把一切的不愉快都歸結於命運。

他們雖然有感覺和情緒，遇到不如意事時也會發怒、傷感，但馬上就無奈地接受，心安理得地不去改變，最終陷入惡性循環之中。

知足常樂的人是幸福的，但這並不意味著幸福的人就是得過且過、不知改變的宿命論者。

知足常樂衹是瞭解了欲望而沒有被欲望控制，它意味著你可以繼續像平常一樣過日子，不過，是透過一種全新的觀點來生活。

你做一個人應該做的事，卻不被欲望迷惑和壓迫；你可以想要某些東西，卻不需要追著它跑；你不想遇到某些事物，而遇到時也不需要在那裡自怨自艾。

愚者的表現

愚者自稱愚，當知善點慧，愚人自稱智，是謂愚中甚。（《法集要頌經》）

若愚笨的人曉得自己的愚笨，他已經脫離了愚笨；若愚笨的人自認為很有智慧，那他就是個名副其實的愚笨之人。

佛陀的弟子周利盤特是個極其魯鈍的人，凡學之教法，隨誦即忘，被其他比丘趕出僧團。佛陀看到了，問他，你認為自己愚笨嗎？他說，我是很笨。佛陀說，知道自己是笨蛋的人，已經不是笨蛋了。後來，周利盤特證得阿羅漢果，即十八羅漢中的第十六位。

智慧不是別的，智慧就是自我知曉，就是永遠擁有自知之明。

愚者自謂正，猶惡不成熟，惡已成熟滿，諸苦亦復熟。（《法集要頌經》）

過罪未熟，愚以恬悷，至其熟處，自受大罪。（《法句經》）

惡業未到成熟之時，愚暗之人以為恬淡無事；等到過罪報應到時，自然承受鉅大的罪苦。

愚所望處，不謂適苦，臨墮危地，乃知不善。（《法句經》）

真理，往往在與常人認識的相反之處，所以，愚暗之人所見所及，並不認為是趨向苦境；及至深臨墮入危險之地，方才知曉（當初所求）乃是不善。

犯了罪，沒有得到應有的懲罰，愚痴的人便以為這一頁已經翻過去了，那是他沒有看透因果的法則。

他衹是鑽了法律的空子而已，可是，天網恢恢，疏而不漏，你欠了因果的債，勢必是要還的。

愚人施行，為身招患，快心作惡，自致重殃。（《法句經》）

愚痴之人的所為，總給自身招致禍患。為了一時的痛快過癮而行惡，會導致鉅大的災患。

就人類而言，為了不同集團的利益，覆屍百萬，流血漂櫓；為了經濟發展的需要，製造了多少生態災難。就個人而言，一失足成千古恨，再回首已是百年身，此類例證更是不勝枚舉。

即使不是作惡，愚人的行為也為自己帶來禍患。患，就是各種各樣的心串在了一起。得到了，亢奮至極；失去了，痛不欲生。今天擔心孩子，明天不滿領導，愚人的心

永不能平靜。這樣的人，身體不會健康，命運必然坎坷。要記住諸葛亮的話，寧靜才能致遠！

愚蠢作惡，不能自解。殃追自焚，罪成熾然。（《法句經》）

愚蠢之人犯下罪惡，不能及時想辦法消解自己的罪惡，等到禍殃焚燒自我，罪惡之火熊熊燃燒，已經是熾然不滅了。

人非聖賢，孰能無過，過則改之，善莫大焉。可是，愚蠢的人犯了過錯，看到了也不改。任憑你千般理由，錯就是錯，別以為任性或吵鬧可以隱藏或克服你的缺點，不及時改正，祇好自作自受。

事實上，愚痴是愚痴者的墓志銘。

無信懷憎嫉，鬥亂彼此人，智者所棄嫌，愚習以為樂。（《法集要頌經》）

沒有信譽，說話不算話，對別人總是心懷厭惡妒忌，總是希望別人之間有矛盾，等等，這些不良心理，為智慧之人所嫌棄，愚痴之人卻習以為常，以之為樂事。

觀察一下自己，如果你也如此，儘快拋棄這樣的心態吧！

愚者與智者

頑暗近智，如瓢斟味，雖久狎習，猶不知法；

開達近智，如舌嚐味，雖須臾習，即解道要。（《法句經》）

愚暗者親近善知識，猶如湯勺不曉得湯的味道；開明通達者親近善知識，猶如舌頭品嚐味道，即使是片刻的品嚐，立即便知其羹味美無窮。

關於幸福的學問，其實很簡單，不瞭解自身的貪嗔痴三毒，你就不會獲得幸福。即使每天都能聽到幸福的格言，每天都能親近高僧，你也祇是在做湯勺的工作。

要獲得幸福，就要有幸福的智慧。看看「慧」字：用掃帚清掃你的心靈，你就能獲得兩倍的豐收。

周利盤特愚笨至極，佛陀叫他打掃整個精舍，邊掃邊念「拂塵除垢」四個字。他深悟「除垢」二字真諦，業障漸除，證得阿羅漢果。

你可能很聰明，但聰明並不值錢，智慧才是無價的。

惡行危身，愚以為易；善最安身，愚以為難。（《法句經》）

掉進泥沼中容易，爬出來很難，但你會不會因為掉進去容易，就心安理得地往下墜落呢？你會不會因為爬出來

很難，就放棄了爬的努力呢？

社會、人生與此是同一個道理，可是世人因著利益的驅使，竟連這樣簡單的道理都忘了，甚至以為為惡益身、行善危身才是真實。

別被僥幸迷惑了雙眼！惡行的危身不一定是立即發生的，善行的安身也不一定是立即發生的。

此外，還有更廣大的影響。欺騙不僅誘發欺騙，也會導致盜竊、殺害。當無數個惡念匯集成大海，當惡充斥於世間，你隨時都會成為受害者。你也可能買到石頭餡的月餅，也可能暈倒在公交車上而無人理睬……

不與愚痴者為伍

學無同伴侶，又不得親友，寧獨守善行，不與愚人偕。（《法集要頌經》）

常習智者教，不與愚人集。（《法集要頌經》）

獨行勿逐愚，欲群當逐智。（《法集要頌經》）

人都需要同伴，但若找不到一個比自己更好、起碼是與自己相等的同伴，那麼與其與愚者為伴，不如獨行。與愚者為伴無任何意義。

這裡有一些標準，不是物質的享受、名位的高低，而

是德行、識力、方法和境界等等美德，這些非愚者所有。

出自慈悲，一個人也可以和愚人結交，但卻不能被他們所污染。

莫見愚聞聲，亦莫與愚居，與愚同居難，猶如怨同處。當選擇共居，如與親親會。（《出曜經》）

離愚痴之人遠點，和愚痴之人在一起猶如和怨仇在一起。當選擇智慧之人，與他們在一起，出則和顏，入則同歡，彼此之間互敬互愛，猶如和親屬在一起。

寧毀智者，不讚愚者

若復嘆譽愚，毀訾智者身，毀智猶有勝，嘆愚不為上。（《出曜經》）

在讚嘆愚痴之人與毀謗智者之間，如果非要二選一的話，那寧願毀謗智者，而不是讚嘆愚痴。這個問題可以從兩個方面來看。就毀譽的對象而言，智者雖被誹謗，並不為此而憤怒，也不為此而憂戚，正如第一篇末後所言；愚痴之人若被讚嘆，則會更加不明事理，做出害人害己的事情。就毀譽者而言，雖誹謗智者，別人至多認為你狂妄；若讚嘆愚痴，就把自己塑造成了更加愚痴之人。

愚者的朋友

常行貪欲人，愚者共狎習。（《法集要頌經》）

修習放逸人，愚人所狎習。（《法集要頌經》）

愚痴之人，常常和貪欲之人、放逸之人關係密切。如果你瞭解那個貪欲之人，你也就認識了這個愚人的品格。

愚痴與觀察

群生無慧眼，不能自觀察，愚迷貪所執，況淪豈覺知？（《法集要頌經》）

人生可以有三個認識層面：

人生充滿了煩惱——尋找煩惱的根源——消除煩惱；

人生充滿了煩惱——別人也有煩惱——忍受煩惱；

人生充滿了煩惱——煩惱是理所當然的——煩惱。

多數人在最下面的層次，有些人處於第二個層次，而第一個層次的人很少。

人們可以承認自己的貪欲、自己的殺欲、自己的盜欲、自己的淫欲，但沒有人承認自己愚蠢。不承認自己愚蠢，不僅是你的自尊心作祟，更是因為你沒有認真地觀察你的煩惱。

別以為你學到了煩惱的根源，要知道書上得來的，祇

是引導你去體悟的概念而已；別以為第一個層次是聖人們的事情，人類最大的錯誤，在於不敢承擔聖人的心；更別懷疑消除煩惱的意義，當你從污穢處爬出之後，你就再也不想爬進去了。

承認自己在追求解脫的道路上的愚痴，學會客觀地觀察心中升起的每一個煩惱和欲望，你就不會沉淪得太久。

亂觀及正觀，皆由意所生，能覺知心觀，愚心數數亂。（《法集要頌經》）

你的心中或者充滿了貪嗔痴慢，或者寧靜澄澈得如一汪清水，這些純粹取決於你自己。有智慧的人能夠調節自己的心，使其平和安詳；愚人的心卻是永遠處於混沌的狀態。

愚者觀人，智者觀己

達己淨不淨，何慮他人淨？愚者不自煉，如鐵鑽純鋼。（《出曜經》）

挑剔別人，不會給自己增加任何好處；挑剔別人，也不會減少別人的優點。多一分心力去注意別人，就少一分心力反省自己，你若看見眾生的過失和是非，你就要趕快

去懺悔，這就是修行。

　　業障深重的人，一天到晚都在看別人的過失與缺點；真正修行的人，從不會去看別人的過失與缺點。

愚痴之人不懂見微知著

　　昔有一長者，遣人持錢至他園中買菴婆羅果，而欲食之，而敕之言：好甜美者，汝當買來。即便持錢，往買其果。果主言：我此樹果，悉皆美好，無一惡者，汝嘗一果，足以知之。買果者言：我今當一一嘗之，然後當取，若但嘗一，何以可知？尋即取果，一一皆嘗，持來歸家。長者見已，惡而不食，便一切都棄。（《百喻經》）

　　你是不是也像寓言中的僕人一樣，要等到每一個行善積德的人都得到了好報，每一個為非作歹的人都嚐到了惡果，你才會相信佛陀的話呢？

第四篇

慈悲

佛教特別提倡和強調慈悲，但慈悲不是針對佛教徒的，而是針對眾生，針對每一個人的。有了慈悲，人的心靈才顯出它原有的澄澈；有了慈悲，人與社會之間，人與自然之間才能和諧相處，才能處處顯出溫暖。

社會已經將很多人的慈悲心污染了，已經將很多人的慈悲心束縛了，以至於人人都知道慈悲這個概念，卻並非人人都瞭解它的內涵，更不知道如何重拾慈悲的念頭，做出慈悲的行為。

佛教是針對世間的宗教，佛陀對於慈悲的論述是我們獲得幸福生活的指南。解脫者的慈悲完全是他本質的顯現，超越了自我約束、道德約束的層面，那是非條件性的。我們要開發自己的慈悲，就要以解脫者的境界為目標。

慈悲給人安樂

爾時，世尊以爪上土告諸比丘：於意云何？我爪上土多，為大地土多？比丘白佛：世尊爪上土甚少少耳，其大地土無量無數，不可為比。佛告諸比丘：如是，眾生能數數下至一彈指頃，於一切眾生修習慈心，有如爪上土耳；其諸眾生不能數數下至如一彈指頃，於一切眾生修習慈心者，如大地土。（《雜阿含經》）

佛陀說，能夠慈悲的人，猶如爪上土；不能夠慈悲的人，猶如大地塵。不要為佛陀的言語而羞愧，要知道，我們甚至還不明白慈悲的意義呢。試著認識慈悲的內涵，學著做個慈悲的人吧。

如是之法，第一安隱，第一最勝，眾人所愛，所謂悲心。一切人愛，令人生信，安慰生死怖畏眾生，心不安隱令得安隱，於無救者為作救護。（《正法念處經》）

大慈與一切眾生樂，大悲拔一切眾生苦。（《大智度論》）

慈悲，是一種品格，慈悲之心，就是欲眾生離苦得樂的心。

慈悲的原則——眾生平等

爾時如來，被迦陀羅刺刺其腳足，血出不止，以種種藥塗，不能得差。諸阿羅漢，於香山中，取藥塗治，亦復不降。十力迦葉，至世尊所，作是言曰：「若佛如來，於一切眾生，有平等心，於羅睺羅（佛陀之子）、提婆達多（背叛佛陀、謀害佛陀之人）等無有異者，腳血應止。」實時血止，瘡亦平復。（《雜寶藏經》）

設以栴檀香，以塗右手者，執刀斷左手，心不起增減。

如愍羅雲子，一息更無二，持心向提婆，怨親無有異。（《增一阿含經》）

慈悲不僅是喜愛那些你有好感的人，還包括那些你不喜歡的人。佛陀說，一個人用香為我擦右手以表敬愛，另一個人用刀砍斷我的左手，我對他們的感情是一樣的；羅雲是我的兒子，提婆是背叛我的人，我對他們的感情也是一樣的。

你質疑這不是真的，可以理解，人們很難相信他們還沒有達到的境界。

正面感情對人類的身心是有利的，負面感情對人類的身心是有害的，修慈心是為了淨化自己的心，從而讓自己從痛苦中得到安隱與解脫。「願一切眾生都是喜悅的」

一定比「我恨他」來得好，這兩種觀念均存在於你的內心中，你缺少的衹是輸入正面感情來平衡負面感情的修煉。

對付敵人最終極的手段是把他變成朋友，如果你把慈悲充滿敵人的心中，讓他們理解幸福的真正含義，讓他們平安、快樂，你會活得更加平安和快樂。這也是孔子所謂「己欲立而立人，己欲達而達人」的境界。

想要達到這種境界，首先相信它的存在吧。

諸佛無彼此，諸結永已除，平等無二心，此是佛法義。（《增一阿含經》）

諸佛無緣大慈，同體大悲，說的就是心無差別，平等地對待眾生，拔苦與樂。

慈悲不僅僅是對待別人的態度，也應該是對待一切眾生的態度。有人說，放生是佛教的慈悲，可是，放了之後，小動物們不還是要死嗎？

醫生不會因為病人最終要死就不為其醫治，所謂醫生治病卻不能治命。慈悲也是如此，能讓眾生多快樂一秒，為何不讓他多快樂一秒呢？

慈悲的原則——自他互易

一切皆懼死，莫不畏杖痛，恕己可為譬，勿殺勿行杖。（《法句經》）

我當為說自通之法。諦聽，善思。何等自通之法？謂聖弟子作如是學：我作是念：若有欲殺我者，我不喜；我若所不喜，他亦如是。云何殺彼？作是覺已，受不殺生，不樂殺生……我若不喜人盜於我，他亦不喜，我云何盜他？是故持不盜戒，不樂於盜……我既不喜人侵我妻，他亦不喜，我今云何侵人妻婦？是故受持不他淫戒……我尚不喜為人所欺，他亦如是，云何欺他？是故受持不妄語戒……我尚不喜他人離我親友，他亦如是，我今云何離他親友？是故不行兩舌。我尚不喜人加粗言，他亦如是，云何於他而起罵辱？是故於他不行惡口……我尚不喜人作綺語，他亦如是，云何於他而作綺語？是故於他不行綺飾……如是七種名為聖戒。（《雜阿含經》）

欲慈悲，就不能與眾生為惡。然而，就是有那樣一些人，毫無同情憐憫之心，不在乎其他眾生的生死，恣意地加害。

那不是人類的本性，而是從孩提之時就形成的慣性。當孩童以玩弄昆蟲為樂事時，作為父母，是否予以及時制止了呢？父母在制止孩子的這種行為時，是否僅僅告訴

他，玩弄昆蟲骯髒甚至會傳染疾病呢？

再次遇到這樣的事情時，請給孩子講講「以眾生心為心」或者「己所不欲，勿施於人」的道理吧。

慈悲的原則──自利利他

比丘！當觀自利、利他，自他俱利。（《雜阿含經》）

以發慈悲心已，次亦生於利益眾生心；以能利益眾生心已，復能發於不捨眾生心、利益眾生心、自利利彼心。（《大方便佛報恩經》）

時，優陀夷復更諮請於菩薩言：「大聖太子！仁今建立何等誓願乃爾牢固？」菩薩即報優陀夷言：「唯願我身在於此地破碎，猶如烏麻、白粉及以微塵，若我不得自利利人，其精進心終不放捨而生懈怠。我今身心誓願如是。」（《佛本行集經》）

一切為天下，建立大慈意，修仁安眾生，是為最吉祥。（《法句經》）

自利，不僅僅是讓自己獲得物質利益，還有那微妙的心理感受；利他也是如此，不僅僅是不給別人帶來傷害或者使其得到物質利益，更應該包括給予別人幸福和快樂的

感受。

當慈悲的正念增長時,你的思維、言語和行為就應該是溫和、喜悅、有意義和值得信賴的,而且能夠自利利他。如果你的思維、語言和行為對自己或他人造成傷害,那麼你該捫心自問:我現在具有慈悲之心嗎?

觀苦而起悲心

又悲心者,名大莊嚴。於五道眾生,若起悲心,能破瞋惱。云何於地獄眾生,而起悲心……復次若沙門婆羅門,及餘善人,利益眾生,觀諸餓鬼,當起悲心……復次若沙門婆羅門,及餘善人,觀於畜生,而起悲心……復於六欲諸天而起悲心……復次若沙門婆羅門,及以餘人,觀於人中,而起悲心。以種種業,生於人中,受苦樂果,上中下眾生,種種作業,種種心性,種種信解,或有貧窮,(或有)依恃他人,(或有)憎恨妬礙,(或有)畏他(或有)輕賤,(或有)追求作業,以自存活,如是觀人世間而起悲心。如是悲心,第一白法,能得涅槃。如是觀五道眾生五種苦已,而興悲心。(《正法念處經》)

我們生來就有慈悲的本能,比如嬰兒看到任何一個人的臉時都會自然地微笑。但可惜,很多人對於他們擁有多

少慈心毫無概念。他們固有的慈悲能力被累積的嗔恨與厭惡所掩蓋，而表現出惡念與惡行。但是無論如何，我們所有人都可以開發我們的心，可以努力滋養慈悲的種子，直到它綻放為止。

慈悲，淨化了我們的心靈。如前所述，在慈悲心的驅動下，我們的思維、言語和行為會溫和、喜悅、有意義和值得信賴，而且能夠自利利他，人類社會才會更融洽。

我們對處在悲慘境況下的人容易生起慈悲之心，因此佛陀勸導我們要觀察每個人的苦，從而生發出對他們的慈悲。

你又覺得不妥，你覺得這是為了慈悲而自欺欺人。你或者會說，他家的生活條件很優越，不苦，也不需要慈悲。你這樣想源於你的片面。再優越的條件也買不來孝子賢孫、家庭和美，買不來身體健康、心態平和，買不來社會安定、生態和諧，更不必說當今社會其實每個人心中都充斥著各種不圓滿的感覺。一切眾生都和我們自己一樣，希望離苦得樂。當你觀察到了這些，更重要的是達到了感同身受的時候，怎能不對他們升起慈悲心呢？

剛開始修習時，你會覺得很困難，很勉強。注意內心的習慣，抽出負面的情感，然後設法對治它們，你就可以慢慢改變你的反應。

慈悲自己

遍於諸方求，念心中間察，頗有斯等類，不愛己愛彼？（《出曜經》）

佛陀說，我用心觀察這個世間，還沒有看過愛他人超過愛自己的人。

身不能利，安能利人？心調體正，何願不至？（《法句經》）

莫以利他事，忽於己利益。善知己利者，常專心（他）利益。（南傳《法句經》）

要利益別人，首先要利益自己。別想錯了，佛陀的意思是，我們必須要在利益別人的同時，找到利益自己的因素。祇要找到了這樣的因素，什麼利他之事不能夠做出來呢？祇有找到了這樣的因素，你才能夠義無反顧地專心利益別人。

《六度集經》中講了這樣一則佛陀本生的事情：

菩薩盡財布施，震動天帝釋。他以為菩薩要奪自己的位子，於是化成地獄告訴菩薩，凡布施者死後都會墮入地獄中受苦。菩薩反問道，受施之人死後如何？帝釋告訴菩薩，他們反而會升天。菩薩說，我一心一意為了眾生，如果眾生獲福，那正是我的願望。危己濟眾，是我的大願。

我要達到諸佛的境界，令眾生都能夠進入涅槃，不再流轉生死，受無窮的痛苦。

更高的精神境界就是佛陀生生世世所追求的利益自己的因素！為了這樣的志願，菩薩義無反顧。

提高自己的物質生活是對自己好，提高自己的精神生活就不僅是慈悲自己，還慈悲了別人。

未生弊惡法，求方便令不生，心不遠離，恒欲令滅；已生弊惡法，求方便令不生，心不遠離，恒欲令滅；未生善法，求方便令生；已生善法，求方便令增多，而不忘失，具足修行，心意不忘。（《增一阿含經》）

這四條說的是改惡修善，佛陀用了四個「求方便」，這是不應忽略的。所謂的求方便，就是要順應自己或眾生的心性和根基，在安隱快樂中改惡修善。

人需要完善自己，但你不可能一步登天，如果求好心切的想法出現，慈悲自己，放下這種想法。

如果你不能寬恕自己，你就不能真正地寬恕別人；祇有懂得如何不給自己煩惱，你才能不給別人煩惱。

若人自愛身，應修行善業，修行於法樂，如佛之所說。（《正法念處經》）

若人自愛己，不以惡加彼，無有造作惡，得於快樂者。

若人自愛己，應修諸善業，速疾能獲得，種種諸快樂。

夫欲愛己者，應當自擁護，譬如邊表城，曠野多賊盜。
（《別譯雜阿含經》）

如果你能夠慈悲自己，你就不會對別人行惡，不行惡的人，才會快樂；

如果你能夠慈悲自己，你就會行各種善行，行善的人能夠獲得各種快樂；

如果你能夠慈悲自己，你應當時刻審視自己的觀念，要知道，錯誤的觀念很容易在心中生起。

悲心柔軟，無欺誑心，無粗獷心，能斷瞋心，悲潤心故。（《正法念處經》）

慈悲令人柔和，不會欺誑別人、不會對人粗魯、不會對人瞋怒，因為，慈悲就像清涼之水滋潤著你那燥熱之心。

悲心清淨施，牟尼所讚嘆，能斷一切過，悲財無窮盡，功德勝莊嚴，能斷一切過，牟尼悲潤心，故至不滅處。悲因隨所在，如蜜乳和合，瞋恚及熱惱，不能住其心，既升悲心筏，哀矜心勇健，能度於有海，三毒大洄

澓。（《正法念處經》）

慈悲自己，就是要讓自己獲得快樂，免除厄難。有惡
的思想、惡的言語、惡的行為，必然有惡的後果，這絕不
是對自己慈悲。慈悲自己，並不是放縱自己的行為，你可
以犯錯，但不能不及時改正。所以，如果你對自己慈悲，
你會消除自身的惡行，修習各種善行，時刻把握自己的
心，做到防微杜漸。

當你的心中充滿了慈悲之念時，你就能夠慈愛眾生，
心中想著給予他們快樂。你同感其苦，憐憫他們，並力圖
拔除其苦。因為慈悲，你不會對別人有惡言、惡行、惡
意。在慈悲的驅動下，你設身處地地為別人著想，從而不
斷改變自己。

於是，你在給予眾生喜樂的同時也提升了自己。

慈悲是幫助他瞭解法

能攝為解義，解則戒不穿，受法猗法者，從是疾得
安。（《法句經》）

對人慈悲，就要讓他瞭解正法，祇要真正瞭解了正
法，做任何事都能夠自然而然地符合戒律的規定，由此，
他才能獲得安隱和快樂。

南傳佛經中記載了這樣一個故事：佛陀的對手收買了一個妓女，在其腹部綁了一束木材，裝作懷孕的樣子來污蔑佛陀，可是，繩子鬆脫，陰謀敗露了。信眾要打她，佛陀卻說：「不，不，你們不應該那樣對待她，我們應該幫助她瞭解法，那是更有效的懲罰。」在佛陀的教導下，她整個人都改變了，變得溫和、親切而且慈悲。

當你發現你所認識的人活得很痛苦或者不順時，設法轉變他的思維方式，在除滅貪嗔癡的原則下，令其解脫，他會受用一生的。

慈悲之人歡喜受惡

唯有仁智者，不念人非惡。（《法句經》）

慈悲之人，永遠不看眾生的過錯。每天都能夠挑出別人過失和缺點的人，既沒有對人慈悲，也是苦了他自己。

菩薩慈念眾生，猶如赤子，閻浮提人多諸憂愁，少有歡日。

若來罵詈，或加讒賊，心得歡樂，此樂難得，恣汝罵之！何以故？我本發心，欲令眾生得歡喜故。（《大智度論》）

慈悲之人不僅不看眾生的過錯，更能歡喜忍受別人的傷害。

佛陀說，世人憂愁之日多，歡樂之日少。別人罵我、誹謗我或者傷害我，祇要他能夠得到歡樂，我都歡喜接受，為何？我的願望就是讓眾生得到歡喜。

所以對具有慈悲之念的人而言，即使別人冒犯了我，我依然很歡喜。

若為他故捨身命，是人即受無上樂。（《大集經》）

祇要是能令別人歡喜，即使是捨棄身命，佛陀的弟子也是歡喜捨命。

慈悲受安樂

若有悲心，是人則去涅槃不遠。（《正法念處經》）

若人於晝夜，心常住於法，斯人之悲心，晝夜常不離，其人心清淨，利益諸眾生，既受安樂已，後得於涅槃。（《正法念處經》）

普愛賢友，哀加眾生，常行慈心，所適者安。（《法句經》）

涅槃是終極的安樂，那是個沒有差別、沒有煩惱的境

界。這個境界與死亡無關,你可以當生成就。如果你想達到這個境界,慈悲之心是必須的條件。

慈悲與布施

布施以施與財物為本義。《文子‧自然篇》曰:「為惠者布施也。」《莊子‧外物篇》曰:「生不布施,死何含珠為。」《荀子‧哀公篇》曰:「富有天下而無怨財,布施天下而不病貧。」可見中國古代即有此種思想,並非佛教所特有,祗是佛教特別強調而已。

當然佛教的布施思想,其範疇要大得多,凡以福利安樂施與人,都可稱為布施。

沒錢也可以布施

自利利人,益而不費。(《法句經》)

人們總是說,沒錢難做功德,想慈悲,心有餘力不足啊!然則,慈悲並不一定非要費錢不可,就看自己是否關心。

若有比丘正身正意,結跏趺坐,系念在前,無有他想,專精念施。我今所施,施中之上,永無悔心,無返報

想，快得善利。若人罵我，我終不報；設人害我，手拳相加，刀杖相向，瓦石相擲，當起慈心，不興瞋恚。我所施者，施意不絕。是謂，比丘！名曰大施，便成大果報，諸善普至，得甘露味，至無為處，便成神通，除諸亂想，獲沙門果，自致涅槃。（《增一阿含經》）

布施是慈悲的一種表現，佛教的布施更是具有廣泛的意義。布施不一定要捐錢捐物，不與眾生瞋恚相向，就是布施。

生活中，隨時隨地都可以做些利人利己之事，給災區捐款捐物是慈悲，給老幼婦孺讓座也是慈悲，事實上，有空座時，站在原地，讓任何一個人坐，還是慈悲。無償獻血是慈悲，扶老人過馬路也是慈悲，把路中間妨礙別人通行的石塊移開，還是慈悲。一個公務員，態度和藹，多花一分鐘，告訴別人帶身份證、帶圖章、帶什麼，免得人家三番五次地奔波，這也是慈悲。

布施時要無欲無求

眾生不能平等施而自墮落，恒有慳嫉之心，纏裹心意。（《增一阿含經》）

布施之時如果捨不得，如果是為了宗教信條或者世間的各種福報，如果是為了獲取聲望，那麼，這種布施就是

最下等的布施。

一施如信，如樂之人；或從惱意，以飯食眾，此輩日夜，不得定意。（《法句經》）

一如既往堅持布施，這是到達快樂境界之人；假如僅是順從煩惱之意，施捨芸芸眾生，此輩之人日日夜夜不能獲得（禪）定（心）意。

菩薩之家恒以平等心而以惠施，專精一意……是謂，長者！菩薩心所安處而廣惠施。（《增一阿含經》）

發自慈悲心的布施，並沒有欲求、時間、地點、對象的限制，慈悲是隨處行方便，平等行方便。

第五篇

和順畏慎

古人說，人生如同鑄劍。劍身太剛，容易折斷；劍身太柔，容易捲曲。想要不折斷就必須加一些錫，想要不捲曲就必須加一些鐵，因為鐵的質地硬而錫的質地軟。剛柔均平，才能鑄出好劍。同樣，人的性情和平才能夠在社會上遊刃有餘。

　　你無權要求別人做什麼事，但是，你可以讓自己更加優秀、更加完善，讓自己更加適合這個社會。河裡的碎玻璃扎人腳，河裡的淤泥不能成形，而鵝卵石圓潤又堅貞，令人喜愛。所以，有智慧的人都該成為社會大河中的一顆鵝卵石。

和順八事

王復問佛言，菩薩仁和為有幾法？往反周旋，常存和雅，不興粗心。佛言，菩薩仁和有八事法，何謂為八：一曰志性質直而無諛諂，二曰性行和雅常無侫偽，三曰志存淳熟永無虛妄，四曰心行堅要亦無羸劣，五曰無迷惑志存於仁和，六曰為世眾祐受異德行，七曰心行了達而無所著，八曰思惟罪福心無所念，是為八事。（《大寶積經》）

菩薩與人相處，溫和文雅，沒有粗鄙之心，有八種表現：第一，樸實正直，不諂媚奉承；第二，溫和文雅，不花言巧語；第三，心智純粹，沒有虛妄之言；第四，內心堅毅，不軟弱；第五，是非分明又仁愛溫和；第六，具足德行，行人所難行；第七，不執著各種事物；第八，罪福平等，亦不執著。

和順不是軟弱

軟心之人，調伏其心，信心精進，不顛倒見，信於因果。（《正法念處經》）

一個內心和順的人，是能夠調服內心的躁動、不安與不善，能夠明確何為正知正見，不受邪見所染，能夠相信

佛陀的教誨，勇猛精進，懂得因果道理的人。

和順之人不欲人知其善

我不常為汝曹說阿雕阿那含有七事，今復益一事為八事。何等為八事？一者不求，不欲令人知；二者信，不欲令人知；三者自羞，不欲令人知；四者自慚，不欲令人知；五者精進，不欲令人知；六者自觀，不欲令人知；七者得禪，不欲令人知；八者黠慧，不欲令人知。所以不欲令人知者，不欲煩擾於人，故不欲令人知。（《阿雕阿那含經》）

真正的和順之人，要擁有這樣的素質，即不會刻意地讓人知道自己的優點。

刻意地讓別人知道自己的優點，高調顯擺的話，就會煩擾於人。我們每個人都有這樣的感覺：在與人交往中，若不知不覺地感受到別人的優點，感受到別人的好，你會很佩服、很感動；若是他人有點優點就刻意地顯示或講說出來，你會覺得他很做作、很討厭。

想要別人感受到你的和順，想要與人持久地交往，就要有些涵養，別總是生怕別人不知道你的優點。

和順之人受人喜愛和信任

軟心之人，心如白鑞，修行善業，眾人所信；粗獷之心，如金剛石，恆常不忘怨結之心，行不調伏，眾人所憎，不愛不信。（《正法念處經》）

性情和順的人，其心猶如錫（白鑞）一樣柔和，修行善業，為眾人所信任；而性情粗狂的人，其心硬冷如金剛石，總是把對別人的怨恨記在心裡，不能夠調順自己的心，為人所厭憎，得不到別人的喜歡和信任。

和順之人視一切矛盾由己產生

是時，長者女便懷恐懼，即前禮辟支佛足，白辟支佛言：自今已去，改過修善，更不興欲想。唯願受悔過，如是再三修行。

辟支佛報曰：止！止！大妹！此非汝咎，是我宿罪，受此形故，使人見起欲情意。（《增一阿含經》）

長者女愛慕辟支佛的容貌氣質，後受辟支佛的教化而悔過，辟支佛卻認為這是自己過去世的罪導致他得了這樣的容貌，以至於誘使長者女升起情欲。

你會說這太牽強了吧。對沉溺於世俗的我們，是這樣的。但在解脫者那裡，卻是自然而然的。雖然是自然而然

的，但依然可以找到這樣做的原因：

慈悲。對眾生平等地給予慈悲，不因他們的所作所為而有所差別，做錯事或者做壞事的人，更應該得到你的慈悲，記住，可恨之人，必有可憐之事。

智慧。矛盾之所以導致煩惱，是因為你以為你對他錯，你的心裡不平衡。想要讓自己的心理達到平衡，有兩種方式。一是要對方承認你對他錯，一是找到自己的責任。既然對方不會承認你對他錯，既然世界上沒有絕對的對與錯，那就找找自己的責任吧。祇要你本著慈悲之心，你就會找到自己的錯誤，而且是心平氣和地承認自己的錯誤。

和順之人令他人和順

若有眾生，見他親友互相破壞，心懷怨結，能為和合，命終生欲愛天，隨心所念，即得五欲自娛。（《正法念處經》）

不但要做到自己待人和順，還應該做到令矛盾的雙方重新和順。

這裡所謂的「生欲愛天，隨心所念，即得五欲自娛」，你可以理解為：如果能夠勸說矛盾的雙方和順，勢

必已經把握了矛盾的本質，掌握了雙方的心理，指出了矛盾的危害或者無意義，說明了和順的好處，這樣的人必然是對人生大徹大悟的人，自然能夠隨心所念，五欲自娛。

與人和順先護口

妄語

若人妄讒語，彼人速輕賤，為善人捨離，天則不攝護。（《正法念處經》）

人若妄語，就會為善人所輕賤，為善人所遠離，就連老天也不會再保護你了！

所言雖實，人不信受，眾皆憎惡，不喜見之。（《優婆塞戒經》）

以後即使你說的是實話，也不會再有人相信，正如狼來了的故事所展示的那樣。

妄語不自利，亦不益他人，若自他不樂，云何妄語說。（《正法念處經》）

說一句謊話，要編造十句謊話來彌補，多痛苦啊！

如果你說，是迫不得已才打的妄語，那麼，你還是見識短！

人生本沒有那麼多的迫不得已，那祇是不敢直面人生的遮羞布而已。人非聖賢孰能無過，及時地承認錯誤、糾正錯誤，你便可以提高自己，更可以贏得別人的信任。

你的心有多大，你的世界就有多大。如果「迫不得已」四個字就能夠占據你的心，那麼你遇到任何問題時都不會有出路，你都要拿妄語來解決。你最好祈禱與你打交道的人都是木偶。

惡口

佛語舍利弗：我前向護喜作惡語道：迦葉佛，禿頭沙門，何有佛道？佛道難得！以是惡言故，臨成阿惟三佛時，六年受苦行。舍利弗！爾時日食一麻、一米、大豆、小豆，我如是雖受辛苦，於法無益。我忍饑渴、寒熱、風雨、蚊蛇之苦，身形枯槁，謂乎我成佛道，實無所得。舍利弗！我六年苦行者，償先緣對畢也，然後乃得阿耨三耶三菩阿惟三佛耳。（《佛說興起行經》）

這是一個佛陀的本生故事，佛陀前世曾罵迦葉佛是禿頭沙門，因為這次惡口，以至於佛陀在成道之前經歷了六年多的苦行而毫無所獲。

你可以把這個本生看成是一則寓言，它說明了惡口因小果大的危害。

夫士之生，斧在口中，所以斬身，由其惡言。（《法句經》）

對人口出惡言的結果，每個人都能預測，但為何要明知故犯？

無論什麼原因，不要對人惡口，那樣不能解決問題，反而會無中生有，帶來問題。

問題的徹底解決，祇能發生在和順的情緒中。

譽惡惡所譽，是二俱為惡，好以口會鬥，是後皆無安。（《法句經》）

稱譽惡人之人與被惡人稱譽的人，這二者均是惡。還有就是喜歡口舌之辯的人，這些人的人生均無安寧。

和順，要注意讚譽的對象。為了和順而失去原則，別人會把你看得比惡人還低。

有些人喜歡逞口舌之能，特別是在他人的注目之下，更是希望妙語連珠，傷人無形，占據上風，以為那是口才——那僅僅是傷人的技巧而已，稱不上口才，雖然沒有疾言厲色，但它更容易令人耿耿於懷。

能够解决問題的言談才叫口才。

和順與批評

知識慈心語，狠戾不受諫，守頑招此禍，自喪其身命。（《摩訶僧祇律》）

對於善知識的慈心勸諫，狠戾之人完全不接受，終於因為自己的頑固而招致禍患，最後性命也不得保全。

這是佛典中的一個偈子，內藏著這樣一個寓言：

過去有個婆羅門，在曠野中造井以方便行人。傍晚，有群野幹（似狼的動物）來飲水。它們的首領把頭放在用來舀水的水罐裡飲水，喝完就把它打破了。小野幹們勸諫道，樹葉有用的話，也要愛護，何況這個對眾生都有利的水罐呢？首領說，我祇是玩玩而已。長此以往，水罐損壞得多了，施者就懷恨在心，於是做了一個木罐，其中加了機關，頭可入不可出。他又將其放在井側，拿著木棍隱蔽起來。傍晚時分，那頭野幹依然如此，施主衝上去將它打殺了。

倘若把別人善意的勸說或批評當成耳邊風，可以想見，厄運不遠了。

大王當知！我罪過者，由太實語、不虛語、稱事語，以我如是大惡人前、可畏人前、急性人前、無慈悲人前、卒作事人前，如是惡行人前說如實語。大王當知！黠慧之人不應一切時、一切處常說實語。何以故？有不饒益故。大王當知！黠慧之人應當善觀可與語人、不可與語人，應當善知可語時、非語時，應當善知可語處、非語處，然後說語。何以故？大王當知！實語人者，世人不愛，世人不喜，智者不讚嘆，世間痴人瞋。（《大薩遮尼乾子所說經》）

　　太硬的劍容易折斷，太直的性格也容易受挫。與人相處，當然要真誠對待，但是，真誠並不意味著直來直去，與任何人交流，都要注意分寸。

　　這首先基於這樣的事實：說話太直的人，塵世間的人都不喜歡。除非修養極為深湛的世外高人。試問，在面對批評之時，誰的心中依然能夠如平靜的湖水般不泛起一絲波瀾？

　　有智慧的人能夠細心觀察，在什麼人面前可以坦率地指出他的缺點和毛病，在什麼時候可以坦率地指出他的缺點和毛病。

人生八戒

傳遠疏通戒於太察，篤信守一戒於壅蔽，勇猛剛毅戒於暴亂，仁愛溫良戒於不斷，廣心浩大戒於狐疑，沉靜安舒戒於後時，刻削隘急戒於剽疾，多人長辭戒於無實。（《佛說分別善惡所起經》）

為人欲聲譽遠播，通情達理，就要心存厚道，容量廣大，不可過於苛察才好；

為人篤信真理，守一不變，一定要廣博多聞，不可閉塞，以免偏執；

為人勇猛剛毅，但不可殘暴昏亂；

為人要有仁愛溫良之心，但不能疑慮不定，不果斷；

為人要有浩大的心量，廣結善緣，但與人相交就不能隨便懷疑；

為人沉著冷靜，安詳舒緩，但不能不把握機遇，不思進取；

即便苛刻、心胸不寬廣也不能暴橫無禮；

若非要在大庭廣眾之下滔滔不絕，切記措詞不可虛而不實。

十事人不愛

佛告諸比丘，有十事法，為人所不愛，何等十：不相習近；輕數習近；為利習近；愛者不愛；不愛者愛；諦言不受；好豫他事；實無威德而欲陵物；好屏私語；多所求欲。是為十事，起他不愛。（《摩訶僧祇律》）

有十種行為，最為人所不喜：

一、孤僻，不喜歡與人接觸；

二、隨便地與人套交情；

三、為了獲得利益而與人接近；

四、應該喜愛的人或物事不喜愛；

五、不應該喜愛的人或物事卻喜愛；

六、真實無謬的話不接受；

七、愛管/旁觀閒事；

八、沒有聲威與德行卻看不起人；

九、喜歡與人嘀嘀咕咕地說話；

十、欲求多。

三種禍患

力弱者著甲，無伴有多財，年衰畜少婦，此三當自害。（《根本說一切有部毗奈耶雜事》）

力弱而好鬥（著甲）；沒有伙伴同行卻身帶大量財物；年紀衰邁卻淫欲不斷（蓄少婦）。行這三種事都是自己招惹禍患。

三種輕賤

無事多言語，身著垢弊衣，不請赴他家，此三被人賤。（《根本說一切有部毗奈耶雜事》）

多嘴多舌；身穿又髒又破的衣服；不請自來。這三種人被別人鄙視。

智慧的人，並不是比別人的智商高，祇不過比別人用心體會，懂得總結各種平凡的現象。

第六篇

擇友

作為萬物的靈長，如何擇友以完善自己，我們本應該了然於心，得心應手。

然而，我們似乎已經喪失了尋覓伙伴的本能，愛榮而不知慕賢，求福而不知避禍，不見榮樂，反獲災殃。遍閱古今中外，不善擇友的例證如在目前，而我們自己，也可能會成為別人的例證。

孔子曰：「德不孤，必有鄰。」但是，又有多少人生來就是高尚的呢？我們不能等到自己高尚以後再去與人交往，我們祇能在與人交往的過程中令自己高尚。證悟了宇宙真諦的佛陀，是如何教導我們的呢？

染習

《佛本行集經》記載了這樣一個故事：

世尊與難陀比丘至魚肆，佛陀令難陀取少少的一點兒墊魚草，握一會兒就扔掉，然後讓難陀嗅一下手，問他是什麼味道。難陀說，祇有腥臭之氣。又到香店，令難陀取香囊，握一會兒並扔掉，又問他同樣的問題。難陀答，祇聞到香氣。

佛陀說偈道：

猶如在於魚鋪上，以手執取一把茅，

其人手即同魚臭，親近惡友亦如是。

若有手執沉水香，及以藿香麝香等，

須臾執持香自染，親附善友亦復然。

凡夫的識心如同白淨的絹絲，浸朱則赤，入墨必黑。因此，選擇不同的朋友對我們的人生會產生不同的影響。

佛陀非常重視朋友之間的薰陶作用，他在四十九年的教化中，不止一次地強調這個問題。

朋友志未強，隨色染其素。（《法句經》）

朋友之間相互染習，就像用顏料染白布一樣，不但容易，而且長久。

若人近不善，則為不善人，是故應離惡，莫行不善業；

隨近何等人，數數相親近，近故同其行，或善或不善。（《正法念處經》）

親近惡人，不但會染上惡習而不覺知，更會被人視作不善之人，即使不是這樣，也有口難辯了。

佛陀在入滅的時候，對這個問題依然念念不忘，《涅槃經》云：

善男子，如空中月，從初一日至十五日漸漸增長，善知識者亦復如是。令諸學人漸遠惡法，增長善法。

親近善知識，就像上弦月，個人修養不見其增，卻日有所長。

四品友

友有四品，不可不知，有友如花，有友如秤，有友如山，有友如地。何謂如花？好時插頭，萎時捐之，見富貴附，貧賤則棄，是花友也；何謂如秤？物重頭低，物輕則仰，有與則敬，無與則慢，是秤友也；何謂如山？譬如金山，鳥獸集之，毛羽蒙光，貴能榮人，富樂同歡，是山友也；何謂如地？百穀財寶，一切仰之，施給養護，恩厚不

薄，是地友也。（《佛說孛經》）

朋友有四種，花友、秤友、山友、地友。前兩種不可親附，後兩種難能可貴。

所謂花友，趨炎附勢之徒，所謂秤友，唯利是圖之人；所謂山友，同甘共苦之人，所謂地友，施恩不求之人。

善、惡友

遠離彼我慢，怖畏一切罪，善拔諸罪根，除貪等過失，堅固眾善業，違背彼惡者，增長功德行，不生諸懈怠，具足於正見，心安固不動，勇猛心調柔，此名為良友。當知如是人，世間所希有，諸有具智人，於此應親近。（《諸法集要經》）

良友要不以自我為中心，不驕傲侮慢別人；不敢行任何惡行，堅決拔出諸罪惡；堅決施行一切善，不懈怠；具有正見，心不飄蕩，勇猛精進卻待人柔和。

由自他對待，相勉遠諸惡，於難能救護，此說名知識，常說利益言，令自他安樂。（《諸法集要經》）

知識，即朋友之異稱。我們平時所謂知人一語，即

指知其人之心識，此處乃引申為所知之人，而非多知博識之義。故就為人而言，其人若善，則為善友、善知識；若惡，則為惡友、惡知識。

勸人遠惡修善，為人排憂解難，所說之言能令自己和別人安隱快樂，這便是善知識。

何故名為善知識耶？善知識者，能教眾生遠離十惡，修行十善，以是義故名善知識；復次，善知識者，如法而說，如說而行。

‧‧‧‧‧‧

善知識者，有善法故。何等善法，所作之事，不求自樂，常為眾生而求於樂。見他有過，不訟其短，口常宣說純善之事。以是義故名善知識。（《大般涅槃經》）

一、善知識是不但自己能行善法，同時還能夠教導別人改惡修善的人。凡是他所教導的事情，都不是為了自己的快樂，而是為了眾生的快樂，都是慈悲眾生的事。

二、善知識不宣說別人的缺點、短處，祗宣說別人的好事。

如何獲得善友

息惡得善友。（《中阿含經》）

首先，自己不能做惡事。

若近於善人，則得善名稱，若近不善人，令人速輕賤；

常應親善人，遠離於惡友，以近善人故，能捨諸惡業。（《正法念處經》）

其次，物以類聚、人以群分。我們想親近善友，前提要使自己不會被人視為惡友。如果你身邊有惡友，儘快遠離他吧。

然而，這依然不夠。你想吸引到蜜蜂與蝴蝶，你不僅僅要讓自己遠離腐臭，乾枯的樹木依然無法吸引它們，你必須成為鮮花才可以。

要想得到善友，你要懂得交友的原則。

三要

朋友之法，其要有三：一者，見有過失輒相諫曉；二者，見有好事深生隨喜；三者，在於苦厄不相棄捨。（《過去現在因果經》）

朋友犯錯卻不為其指出、不勸其更正的，不是好朋友；朋友做了好事，或者得到好處，不為其高興的，不是好朋友；朋友有困難，甚至身處災厄之境，旁觀離去的，不是好朋友。

四法

復有四事得值善友，謂四？不慢無諂，常加恭敬；柔和，順言；而不自大；常受言教。（《佛說海龍王經》）

佛陀此處的言教，言簡意深，四個方面實際上包含了四個層次。

首先，與人相處，要有平等的意識。驕慢、諂媚，是一個問題的兩個方面，都是內心不平等的表現。對於持有此種態度的人，別人也不會平等對待。

但平等的意識很容易導致對人生疏，所以，欲得善友，還要對其常加恭敬。恭敬與獻媚是兩回事，同是處在低處，獻媚祇是一種無奈，而恭敬卻是一種包容。大海處在低處，卻包容了一切的水，最終成就它的浩瀚。

第二，能夠真誠地恭敬你的朋友，就會做到待人柔和。但不要為了柔和而不問青紅皂白，以言徇物，這並不能夠得到「善友」的尊重。所謂順言就是說順理的話、正

大的話。孔子曰：「以友輔仁。」見到朋友的行為值得讚賞，不要吝惜自己的表揚；見到朋友的行為有所疏漏，要及時給予提醒、指正。

第三，與朋友相處，甚至是在指正朋友之時，永遠不要表現得趾高氣揚，那既讓你的朋友難堪和反感，又令你顯得淺薄無禮。朋友相處，要令人感到親切。

第四，人們願意和聞過則喜、從善如流的人交朋友，所以，不僅要柔和地教化你的朋友，也要柔和地接受朋友對你的教化。接受朋友的教導，並予以改正，會令朋友升起成就感，感到你對他的重視，感到彼此的真誠。這不是很高明嗎？

五事

謂人視親屬朋友，當有五事：一者見之作罪惡，私往於屏處，諫曉呵止之；二者小有急，當奔趣救護之；三者有私語，不得為他人說；四者當相敬嘆；五者所有好物，當多少分與之。

看到朋友做了錯事，在私底下勸說，要知道，若不顧及別人的自尊心，再正確的言辭也是沒有用的；

朋友遇到了難急之事，要第一時間救護，不要因為小

事就忽視，要知道，朋友之間的感情是一點一滴累積的；

朋友將秘密告訴你，你不能隨便地說給別人聽，要知道，信任是一切良好關係的基礎，友誼也不例外；

相互敬嘆，並不是相互吹捧，要知道，當朋友做了好事，及時的誇嘆，有助於他養成習慣；

你所擁有的好東西，無論是多還是少，別忘了和朋友一起分享，要知道，當一份快樂被分享時，就變成多份快樂了。

七法

有七法，是親友，利益慈愍故。何等七，難與能與，難作能作，難忍能忍，密事相語，不相發露，遭苦不捨，貧賤不輕，如是阿難，有此七法，名為親友，利益慈愍，令彼歡喜。（《四分律》）

朋友之間，有程度的不同。有普通的朋友，有親密的朋友。

佛陀說，親密的朋友有七個標準，在這七個標準裡，其他六個標準較好理解，你祇需試著那樣做就可以了。但「不相發露」似乎會給人帶來困惑。

佛陀所提出的標準有其獨特的背景。佛教注重說罪懺

悔，甚至要晝夜六時說罪懺悔，就是當比丘犯戒之後，主動地到其他比丘處說明自己所犯之戒，並在其他比丘面前懺悔罪惡，由此而斷惡長善。此時，為了護惜犯戒比丘的臉面，使其安心修行，不該把聽到的罪惡告訴其他比丘。

放在世俗而言，就是不宣揚朋友的缺點、毛病，才是親友。

佛陀強調戒律，戒律就是法，佛教戒律繁多，但佛陀是法律與人情並兼的。

不友不如己者

學無朋類，不得善友，寧獨守善，不與愚偕。（《法句經》）

常避無義，不親愚人，思從賢友，狎附上士。（《法句經》）

見聖人快（快樂），得依附快，得離愚人，為善獨快。（《法句經》）

學不得善友，不與己等者，當堅意獨住，勿與惡共會。（《中阿含經》）

佛陀說，如果沒有比自己強或者與自己同等的朋友，就自己獨住，不要和不如自己的人在一起。孔子亦云：

「無友不如己者。」為什麼東西方的聖人不約而同地有這樣的態度呢？

交友，有主動與被動之別。聖人們所論，祇是就主動交友的方面而言。人類社會的運作好似登山，你就是登山隊的一員，為了到達頂點，你必須緊緊抓住前面的人或繩子。

可是，你不能不允許別人抓住你或者你身下的繩子，你不能揚手就把後面的人甩在懸崖之下。

《善生經》的教導

人生世間，本無坐而論道就能獲得的幸福人生，一切形而上的原則均來源於日常生活，也必要施用於日常生活。佛陀教化眾生，常常能在最平凡的生活中點醒你。

前人曾感慨道：「求師擇友古今難，邪正誰分萬慮間。」人的正邪善惡是擇友的前提，而人心卻是最難分辨的。

惡友

佛告善生：有四怨如親，汝當覺知。何謂為四？一者畏伏，二者美言，三者敬順，四者惡友。

有四類似友非友的人，當你察覺下面四種情形之時，就要對他們提高警覺：

一、當其人對你畏服之時；

二、當其人對你巧舌如簧之時；

三、當其人對你恭順之時；

四、當其人在吃喝玩樂時與你親近。

佛告善生：畏伏有四事，云何為四？一者先與後奪，二者與少望多，三者畏故強親，四者為利故親，是為畏伏四事。

對你畏服，卻有這樣的表現，就不是真正的朋友：

一、先前給了，後又拿回去；

二、給的少，期待得到的多；

三、對你害怕；

四、為了獲得利益。

言佞之友，當以四事知。何謂四？宣人之私、自隱其私、面偽稱善、退則興誹。

對你巧舌如簧，卻有以下這樣的表現，就不是真正的朋友：

一、好說別人的隱私；

二、好隱自己之私；

三、當面極力吹捧你；

四、背後極力非議你。

面愛之友，當以四事知，何謂四？說人往短、陰求來過、與而不實、欲人有厄。

對你恭順，卻有這樣的行為，就不是真正的朋友：

一、宣說別人以往的過錯；

二、期待別人犯錯；

三、虛情假意地給人東西；

四、希望別人有倒霉的事發生，從而來求自己。

惡友親復有四事，云何為四？一者飲酒時為友，二者博戲時為友，三者淫逸時為友，四者歌舞時為友，是為惡友親四事。

引誘你吃喝玩樂的，就不是真正的朋友。

善友

居士子！有四友，為仁明欲利人，當識知。何謂四？一為同苦樂、二為利相攝、三為興本業、四為仁愍傷。

有四類朋友，你應該知道，一定要與之親近：

一、與人同甘共苦；

二、能告以善利；

三、助人建立事業；

四、仁慈憐憫人。

同苦樂之友，當以四事知。何謂四？施之以己所實、施之以妻子利、施之家所有、言忠為忍言。

與人同甘共苦的，有四種表現：

一、為幫助朋友放棄自己珍愛的東西；

二、為幫助朋友無法顧及自己的眷屬；

三、為幫助朋友不惜自己的錢財；

四、忠言逆耳時能照顧場合並忍受別人的過火言辭。

利相攝之友，當以四事知。何謂四？彼私不宣、己私不隱、面說善言、還為弭謗。

告以善利的，有四種表現：

一、不宣說別人隱私，令其與己相處心安；

二、不隱己私，令其與己相處無間；

三、相見之時讚美其善，令其增長善行；

四、如有他人毀說其惡，能代為解釋並且抑制。

興本業之友，當以四事知。何謂四？以利業之、以力業之、縱恣諫之、以善養之。

助人建立事業的，有四種表現：

一、以錢財贊助朋友建立事業；

二、沒有錢財，就出力氣；

三、勸諫朋友不能做敗家子；

四、以好的生活習慣熏陶朋友。

仁愍傷之友，當以四事知。何謂四？教勸竪立以成其信、成其戒、成其聞、成其施。

仁慈憐憫人的，有四種表現：

一、教其有正確的信仰；

二、教其有良好的戒行；

三、教其有廣博的聞見；

四、教其有宏大的捨心。

人的心願言行，是否符合人倫道德之標準，大多數人都能分辨，祇是一旦涉及具體的生活，便由旁觀者清轉入了當局者迷的狀態。以上諸事，不過是舉起少數例證。世間之事相，無量無邊，佛陀就是要通過這種舉例，教化我們懂得如何揀擇。

經營你的友誼

人們常說，友誼如同一朵小花，必須靠雙方小心地培育。這個比喻並不恰當！花兒有自己的生長週期，它的發芽，它的生葉，它的吐蕊，它的凋謝，均不以人的好惡而改變。難道友誼也必然會如此嗎？

當我們結交了新的朋友，你要告訴你的朋友，你對其如何情真意切嗎？還是本著「路遙知馬力，日久見人心」的原則，默默地與其相處呢？

古語云：「白頭如新，傾蓋如故。」新相知的朋友，哪怕一會兒工夫，他們的感情也可以像老朋友一樣深厚；而相交了很久的兩個人，哪怕認識了一輩子，他們的關係卻很可能還像新結識的一樣。這完全在於你和朋友之間是否相知。因此，友誼怎麼可能如同一朵小花呢？

宣說你對別人的情誼深厚自然不對，日久也不見得就能見真心！既然可以白頭如新，也可以傾蓋如故，我們何必要等到許久以後才讓朋友明白自己的心意呢？

有十事知愛厚：遠別不忘；相見喜歡；美味相呼；過言忍之；聞善加歡；見惡忠諫；難為能為；不相傳私；急事為解；貧賤不棄。是為十愛厚。（《佛說孛經》）

遠別不忘。

與朋友分別，可能就意味著這段友誼的完結。佛陀告訴我們，祇有做到遠別不忘才能讓朋友知道你的「愛厚」。想要讓朋友知道你的不忘，想要使距離產生美，那麼，別忘了經常主動與遠方的朋友保持聯絡，送上祝福。

　　相見喜歡。

　　久別相聚的時刻，同樣是表露自己情感的時刻。總有人以為，悲喜之際，能不動聲色才是成熟的表現。其實，表現出來的成熟是幼稚和淺薄，毫無境界可言。成熟，應該是理性思考和感性作為的和諧狀態。與朋友重逢，表現自己的歡喜，既讓自己的思念得到了釋放，又讓朋友感受到了你的情意，這才是真正的成熟。

　　美味相呼。

　　日常生活中，可以適當而自然地表現情意的機會並不多，因此，我們需要做的就是選擇一些日常生活，並賦予它一些表現情意的意義。孟子問梁惠王：「獨樂樂，與人樂樂，孰樂？」梁惠王說：「不若與人。」此理古今皆然，當你快樂的時候，別忘了與朋友分享，這既讓你的朋友感到了你的愛厚，也讓你的快樂更加快樂。美味祇是其中之一例罷了！

　　過言忍之。

　　當朋友對你說了些過頭的話時，你可能會直接爆發，

也可能會為此憋悶。如果這樣，你還不知道如何經營自己的友誼。忍不是憋悶，看看忍字，它表示剖析自己的心。讓心明白，每個人做的每件事都有理由，祇要習慣了這樣的思維方式，你就不會去鑽牛角尖，而是考慮朋友為何會這樣。在你的怒氣變成一連串的思考時，朋友的怒氣也發泄了。到了大家平靜的時候，就可以心平氣和地處理此事了。

聞善加歡。見惡忠諫。

對朋友的每一個進步都能隨喜，讚嘆，能夠令朋友感受到你對他的關注，感受到你對他的鼓勵；而對朋友的錯誤加以提點，更能令朋友感到你的品格，感到你對他的關心，感到與你相交的明智！

難為能為。

雪中送炭已經令人安慰了，而在自己也身處寒冷的同時，依然能夠雪中送炭，這就是難為能為了，這種行為足以令所有人感動。朋友，是用來同甘共苦、悲喜同受的。若是心存計較，難為能為祇是空話而已。

不相傳私。

不相傳私就是不宣說朋友的隱私，這是佛陀多次提及的交友原則。朋友，是對別人不能說的話可以對你說的人，如果朋友對你說了一些祇想讓你知道的話，你卻透露

給別人，那麼，你便不是個可靠的人，誰還會和你真心相處呢？

急事為解。

人生的際遇誰又能把握呢？河東河西之變會發生在每個人的身上。所謂朋友，就是當他無論發生什麼事情，你都能想辦法助其成功，防其失敗，幫助他的心境永遠處於平和的狀態。

貧賤不棄。

孔子云：「歲寒，然後知松柏之後凋也。」如果想要持久的友誼，你首先就要是一棵松柏，如果你不是一棵松柏，那就學著成為一棵松柏吧。這也能學嗎？當然！嘗試著發現別人的優點，對別人的權勢與財富少一點關注，嘗試著拋棄自己的市儈，你就可以變成一棵松柏。

第七篇

精進

佛陀做太子時，出四城門遊玩，見到了老、病、死，內心感到悲哀；見到了出家的修行者，內心生出了對修行者的讚嘆以及尋求解脫的念頭。終於，他拋棄了無上尊榮的生活，踏上了求道之路。他嘗試通過嚴格的苦行發現真理，尋求解脫。他逐漸減少飲食，日食一麻一麥。他穿鹿皮、樹皮，睡在鹿糞牛糞上，有時臥於荊棘上。六年後，身體消瘦，形同枯木，卻依然沒有發現什麼真理。佛陀用自己的行為證明了精進不能盲目，需要一定的原則。

　　幸福不是唾手可得，需要我們不斷地追求，但是，個人的努力是否能夠達到預期的效果？盲目追求的結果祇能是事倍功半，甚至南轅北轍。

　　將佛陀的言教舉一反三，你就能夠找到為幸福精進的原則！

思想與行動

見法利身，夫到善方，知利健行，是謂賢明。（《法句經》）

賢明之人，是能夠找到方向，並一如既往地實行下去的人。

方向，就是符合善法。所謂善法，就是做任何事情時都能做到換位思考，保證自己的所作所為不給別人帶來傷害和損失，無論是物質的還是心靈的；就是對自己有利，但這絕不僅僅是物質層面的，甚至可以說精神層面的利益更重要。如何能在紛紛擾擾的紅塵中永遠保持澄澈的心？如何能在利他的行為中尋找到利己的意義？

健行更加重要，賢明不是想出來的，而是做出來的。

言說與行動

如可意華，色好無香，工語如是，不行無得；

如可意華，色美且香，工語有行，必得其福。（《法句經》）

就像顏色美好但無香味的花朵一樣，祇懂得理論而沒有實踐的人，理論對他一點用處也沒有；就像顏色美好、香味撲鼻的花朵一樣，既懂得理論又親身實踐的人，這理

論使他獲益匪淺。

學佛就是在學做人而已，佛陀的教義從來不是空洞的哲理。那些祇懂得佛陀的理論而沒有親身實踐的人，得不到解脫；那些懂得佛陀的理論又努力親身實踐的人，很快就會得到解脫。

但觀自身行，不觀他人過

不務觀彼，作與不作，常自省身，知正不正。（《法句經》）

一次，一個富家女邀請佛陀來到家裡接受她的供養。之後，佛陀為富家女開示佛法。一個裸形外道衝過來侮罵佛陀和富家女，然後逃跑了。佛陀說，你是否無法集中精神聽我說法？富家女說，是的，世尊，我的心完全被外道侮辱的字眼所亂。於是，佛陀說了上面的話。

不觀他人過，還表現在不去猜測。刻意去猜測他人的想法，無論你猜測的是否正確，你都會很煩惱。

但觀自身行，卻不應祇將自我充斥於心，心中裝滿自己的看法與想法的人，永遠聽不見別人的心聲，也會很煩惱。

精進，針對所有品格

少欲，知足，在閒居之處，戒成就，三昧成就，智慧成就，解脫成就，多聞成就。汝今阿那律當建是意，思惟八大人念。云何為八？此法精進者之所行，非懈怠者之所行，所以然者，彌勒菩薩應三十劫當成無上正真等正覺，我以精進之力超越成佛。阿那律知之，諸佛世尊皆同一類，同其戒律，解脫，智慧，而無有異。亦復同空，無相，願。有三十二相，八十種好而莊嚴其身，視無厭足，無能見頂者，皆悉不異。唯有精進不同。（《增一阿含經》）

值得修行人尊敬、效法的先覺者（大人），平時都是怎樣來自我約束的呢？能少欲知足，少應酬，不讓自己忙得渾渾噩噩；能心地善良，尊重他人；能常靜下心來，檢視自己的缺失；能集中心意，鍛煉敏銳、如實的觀察力；並且，能多吸收有關心靈淨化的資訊；而最難能可貴的，還是能持之以恒，保持勇猛精進的毅力了。

精進，不是在上述品格之外的另一種品格，祇是對那些品格的踐行程度。

不要有所期待

學無求利。(《法句經》)

不要想著下一秒就進入了全新的境界,或者你的生活變得順意。無論如何也不要期待結果,更不要對結果感到焦慮。

修身養性是一輩子的事情,用更幸福的思維方式處理事情是件快樂的事,用更幸福的思維方式反省過錯同樣是件快樂的事。

有羞恥者真精進

無慚無愧惡之初

弊暴貪悋惜,惡欲慳諂偽,無慚無愧心,當知領群特。(《雜阿含經》)

在欺詐、蒙騙、凶惡、殘酷、貪欲、捨不得、諂媚、虛偽等等行為中,沒有慚愧之心,是處在第一位的。

若比丘無慚無愧,便害愛、恭敬……若比丘有慚有愧,便習愛、恭敬。(《中阿含經》)

復有三法不斷故,不堪能離不恭敬、戾語、習惡知

識。何等為三？謂無慚、無愧、放逸，此三法不斷故，不堪能離不恭敬、戾語、習惡知識。

所以者何？以無慚、無愧故放逸，放逸故不恭敬，不恭敬故習惡知識，習惡知識故不欲見聖、不欲聞法，常求人短，求人短故不信、難教、戾語、懶墮，懶墮故掉、不律儀、不學戒，不學戒故失念、不正知、亂心，亂心故不正思惟、習近邪道、懈怠心，懈怠心故身見、戒取、疑，疑故不離貪、恚、癡，不離貪、恚、痴故不堪能離老、病、死。（《雜阿含經》）

不知道慚愧，就會行為隨便。行為隨便，就會待人不敬。待人不敬，就祇會和那些心地不良、導人入邪之輩打成一片。這樣，就會不耐煩善人善言，還要攀求他人的短處。若偶爾挑出善人之短，便以此為由，不信良言，說些悖逆之言，不求上進，從而內心總是處於躁動的狀態，不守法律法規，進而親身行邪見、邪道。

知已妄言，不羞不悔，無慚無愧，羅雲！彼亦無惡不作。（《中阿含經》）

一般人的心理，說謊話可能根本不算惡行，祇能算作壞毛病而已。然而，佛陀告誡我們，如果一個人在妄言之際能夠不羞不悔，無慚無愧，那麼，就可以從小看大。祇

要需要，這個人會無惡不作的。

有慚有愧善之端

　　世倘有人，能知慚愧，是名誘進，如策良馬，如策良馬，進道能遠。（《法句經》）

　　古語云，知恥近乎勇。沒有慚愧，就沒有勇於改惡向善的心，就沒有奮發圖強的心。如果能以慚愧為馬，就能向著大道進取，深入長遠。

　　慚愧之人，智慧成就，是易誘進，如策良馬。（《出曜經》）

　　慚愧成就智慧。向著大道進取的過程，就是清楚貪嗔癡，逐漸得到安隱快樂的過程。

　　雖為極惡原，悔過漸復薄；是時於世間，根本皆消滅。（《增一阿含經》）

　　佛陀度的是眾生，任何人都可以進入他的法門。無論是多麼罪大惡極的人，祇要能夠誠心懺悔，他的罪惡會漸漸減輕的。當他的心地由於懺悔而清淨之時，罪惡的根本就消滅了。

　　罪惡消滅不是可以逃脫懲罰的意思，造了罪惡的因，

必然受罪惡的果。懺悔是拔除了內心罪惡的種子，以後永不再犯之意。

無慚者生活易，有慚者生活難

無慚愧厚顏，暴戾與大膽，傲慢罪惡者，其人生活易。

有慚求清淨，不執著謙遜，營清淨生活，富有見識者，其人生活難。（南傳《法句經》）

一句俚語說的明白：

臉皮厚，吃個夠；臉皮薄，吃不著。

為著自己看重的利益，無恥之徒可以不要原則，不顧身份，不在乎別人的目光，無恥者無敵！

然而，這不是精進。

無慚無愧有煩惱

復次，尼拘陀！汝等修行，於一切處，無慚無愧。尼拘陀！此即是為汝所修行，煩惱隨增。（《佛說尼拘陀梵志經》）

雖說無慚者生活易，但是，沒有羞恥之心，同樣會煩惱隨增。

如前所說，無慚無愧引發的種種行為必然導致煩惱的

產生，此其一；孟子曰：「羞惡之心，人皆有之。」無羞惡之心，非人也。所謂無慚無愧，祇是為了達到某種目的而壓抑了羞恥之心，每一個做出無慚無愧之事的人，其行為沒發生之前，心中已然糾結，行為發生過程中，更不可能做到內外平靜，自己的心已然為無慚無愧付出了代價，此其二。

知慚長壽

　　知慚壽中上，鷲以貪摯搏，力士無畏忌，斯等命促短。（《出曜經》）

　　有慚愧的心，遇事之際才不會衝動。慚愧，就像汽車的安全氣囊，給我們時間，使我們能夠判斷對與錯，避免衝動的懲罰。

　　知慚不盡壽，恒求清淨行，威儀不缺漏，當觀真淨壽。（《出曜經》）

　　有慚愧的心，平日裡才會嚴於律己，而嚴於律己的人對人無所傷害。無有矛盾，自然壽命長久。

精進要聞思修（行）結合

聞思結合

　　夫學有二：常親多聞、安諦解義，雖困不邪。（《法句經》）

　　孔子曰：「學而不思則罔，思而不學則殆。」說的是學習和思考的關係。在學習的問題上，佛陀也秉持著這樣的態度。

　　印度與中國不同，文化傳承靠的是口頭背誦，所以，想要學習，有兩個方面要注意：親近多聞，而且將其人所傳全部背誦下來；依照真諦思索人生要義。將二者結合，即使偶有困惑但也不會偏邪。

聞與行無高下

　　多聞令志明，已明智慧增，智則博解義，見義行法安；
　　多聞能除憂。
　　人之無聞，老若特牛，但長肌肥，無有福慧。（《法句經》）

　　多聞可以使志向更加明朗，志向明朗則智慧增加，有了智慧便可廣泛地理解佛法精義，洞見了精義履行佛法就更加安穩。

佛陀批評那些不願多聞的人，如同老牛一般，祇長肉，沒有智慧。

雖多誦習義，放逸不從正，如牧數他牛，不獲沙門正。（《出曜經》）

有些人廣泛閱讀佛教的教義，但祇限於字句方面，並不能親身實踐，親身體悟。如同牧人祇看管他人的牛，這種人無法得到解脫。

所謂持法者，不必多誦習，若少有所聞，具足法身行，是謂持法人，以法自將養。（《出曜經》）

一個尋求真理的人，他或許祇讀了少許經典，但他勤奮地實踐真理，遵循真理，佛法給他帶來了他所尋求的安隱快樂。

在這裡，聞與行似乎有高下之分。然而，強調戒是有其背景意義的。佛陀行的永遠是中道，不會厚此薄彼。

雖稱為多聞，禁戒不具足，為法律所彈，所聞便有闕。
行人雖少聞，禁戒悉具足，於法律所稱，於聞便有闕。
雖少多有聞，持戒不完具，二俱被呵責，所願而皆失。
智博為多聞，持戒悉完具，二俱得稱譽，所願者盡獲。

（《法句經》）

行與聞二者俱善，才是佛陀所提倡的。

在尋找幸福的道路上，也是如此。多向智者學習，特別是多向佛典學習，才能夠跳出習以為常的思維方式，從更加廣闊的視角看待人生。想要從困境中解脫，你得找到出口。

對於俗世之人而言，行雖然不完全等同於按照出家之人的持戒，但同樣應該不遺餘力地踐行四正勤（未生諸惡，令其不生；已生令滅。未生諸善令其得生；已生令其廣），損人害己和損人利己不會得到安隱快樂，祇有利人利己才會感到幸福。

學習幸福，踐行幸福，你終究會幸福。

聞思修結合

思而不放逸，為人學仁跡，從是無有憂，常念自滅意。（《法句經》）

在人生的道路上，祇要能夠多聞經典，如實地觀照思維，改惡修善，終會達至無憂無慮、清淨安隱的境界。

精進者轉惡為善

善學無犯，畏法曉忌，見微知著，誠無後患。（《法句經》）

人生不可能每一秒都是順意的，每一個不順都是一個經驗教訓，每一個教訓都是用一個幸福換來的。

善學之人遵守戒律，敬畏佛法，明曉忌諱，不會浪費自己的幸福，以最小的幸福代價獲得教訓，而且，絕不會用兩個幸福去買同樣的教訓。

遠捨罪福，務成梵行，終身自攝，是名善學。（《法句經》）

法法相亂，法法自息，法能生法，法能滅法，黑法用白法治，白法用黑法治。天帝釋！貪欲病者用不淨治，瞋恚病者用慈心治，愚癡病者用智慧治。（《增一阿含經》）

善惡之間並沒有一道鴻溝，捨罪既是行善。

孔子弟子三千，要旨不出一部《論語》，而首句謂「學而時習之」，可見此乃孔門急務。歷來人們以「時習」是經常復習之意，準確但不完整。

「時」者，還有當某事發生而習練與之相對應的知識之意。如果想學寬大為懷，就在自己心理褊隘之時習練；如

果想學溫和，就在自己想要發怒時習練；如果想學恭敬，就在自己待人傲慢時習練；如果想學良善，就在自己性情狠戾時習練；如果想學辭讓，就在自己與人忿爭時習練；如果想學勤敏，就在自己懈怠時習練。這樣才不會空學一場。這樣學才有所成就，所以孔子才說：「不亦說乎！」

把「終身自攝」銘刻在心裡，你就會在行惡的瞬間轉惡為善。

精進無間

多聞聖弟子於一切苦法集、滅、味、患、離如實知見，見五欲猶如火坑。如是觀察五欲已，於五欲貪、欲愛、欲念、欲著不永覆心，知其欲心行處、住處，而自防閉；行處、住處逆防閉已，隨其行處、住處，世間貪、憂、惡不善法不漏其心。（《雜阿含經》）

色、聲、香、味、觸，能起人貪欲之心。悟道者瞭解一切的苦均來自於自身的這五種欲望，它們如同火坑一樣。知道五欲所能帶來的苦難，對五欲就應該隨時保有一份像接近火坑般的警覺，這樣才不會被五欲所淹沒（覆）。假如隨時能夠知所警惕，勤於覺察，明白心中的欲念是從哪裡升起，在哪裡停留，這樣就能夠有所防範。

長時間下來，必然能養成離於貪染五欲功德的習性。

非一蹴而就

　　諸比丘，然彼長者耕田、溉灌、下種已，不作是念：今日生長，果實成熟。若明日，若復後日。而彼種子已入地中，則自隨時生長，果實成熟……譬如，比丘，伏雞生卵，若十乃至十二，隨時消息，冷暖愛護。彼伏雞不作是念，我今日若明日、後日，當以口啄，若以瓜刮，令其兒安隱得生。然其伏雞善伏其子，愛護隨時，其子自然安隱得生。如是，比丘善學三學，隨其時節，自得不起諸漏，心善解脫。（《雜阿含經》）

　　修行，是細水長流、水到渠成的綿密功夫，急不來的。不是今天播了種，明後天就想著要收成的。習性的改變，不會是一兩天、一兩年，甚至於一兩輩子的事。不要一心想著收成，而忽略了該做的努力；也不必因為自己努力一陣子了，卻發覺離解脫還很遠而覺得心灰意冷。祇要不斷地努力，點點滴滴地累積，到了因緣具足時（隨其時節）自然就會有所轉變的。揠苗助長必然會適得其反。精進，就是隨時耕磨，隨時溉灌；隨時消息（關懷、用心），冷暖愛護。

比丘扂船，中虛則輕，除淫怒痴，是為泥洹。（《法句經》）

出船艙中的積水，艙中虛空則船身輕便；驅除身心之中的淫怒痴意，將證得涅槃境界。

貪嗔痴就像有色的鏡片一樣，擋在眼前，妨礙我們的自省。沒有片刻之間就大徹大悟的事情，我們除滅貪嗔痴，就應該像抽絲一般，一點一點地，逐漸地淨化自己。

不要把自己繃得太緊

有沙門夜誦經甚悲，意有悔疑，欲生思歸。佛呼沙門問之：「汝處於家將何修為？」

對曰：「恒彈琴。」佛言：「弦緩何如？」曰：「不鳴矣。」「弦急何如？」曰：「聲絕矣。」「急緩得中何如？」「諸音普悲。」佛告沙門：「學道猶然，執心調適，道可得矣。」（《四十二章經》）

琴弦繃得太緊會斷，太鬆又無聲響，不鬆不緊才能彈奏出美妙的音符。

如果你是求好心切或者欲痛改前非，此時不要把自己繃得太緊。改惡修善不是侵略你自己，無需激烈的修行。

高尚的行為應是讓你感到輕鬆、安定的行為。

精進要抓住要點

人有患淫，情不止，踞斧刃上，以自除其陰。佛謂之曰：若斷陰不如斷心，心為功曹，若止功曹，從者都息；邪心不止，斷陰何益？斯須即死。佛言：世俗倒見，如斯痴人。（《四十二章經》）

如果比丘害怕自己犯邪淫的毛病，那麼，自宮有什麼作用呢？佛陀告訴他，要做的是從心底清除邪淫的念頭，而不是本末倒置。

剔髮無慧，草衣何施？內不離著，外捨何益？（《法句經》）

剃了頭髮卻沒有解脫的智慧，出家有什麼用？內心貪得無厭，在在執著，對外捨得再多也是一樣沒有益處，因為他的貪求必然導致他從外面獲得更多。

同樣，如果我們做了錯事，一定要探究錯誤的根源，祇有清除最根本的原因，才能將錯誤永斷無餘。

一匹驢，吃再好的草，也不會成為一匹駿馬。用執著和分別心去修行，再大的精進，也不會成佛。

第八篇

死亡

佛教謂，生死事大，無常迅速。當佛陀遊歷了四門，觀了老、病、死和出家沙門之後，得到了無比的震撼，從而立志修道，最終找到解脫的道路。

　　現代人似乎沒有時間關注死亡，他們每天有無數的事情要做，工作、學習、娛樂，死亡雖然不可避免，卻屬於遙遠的未來，現在要做的，是儘量地爭取。

　　這樣的想法，他有，你也有。物質的追求，讓我們每個人都忽略了死亡。忽略了死亡，不是因為我們覺悟了生死，而是因為我們根本不明白探究生死的意義。生死並非孤立的兩個點，它的意義是貫穿了兩點之間的那條線。

正視死亡的存在

所行非常，謂興衰法，夫生輒死，此滅為樂。譬如陶家，埏埴作器，一切要壞；人命亦然。如河駛流，往而不返；人命如是，逝者不還。

命如果待熟，常恐會零落。已生皆有苦，孰能致不死？（《法句經》）

是日已過，命則隨減，如少水魚，斯有何樂？（《法句經》）

常者皆盡，高者亦墮，合會有離，生者有死。（《法句經》）

夫人欲立德，日夜無令空，日夜速如電，人命迅如是。（《出曜經》）

其實，每個人都知道有生則有死，旁觀時似乎都是清醒的，而一旦轉變為當局者，又不得不為無可避免的事情恐懼不已。佛陀何嘗不是為了此事而出家求道？祇是與我們不同，佛陀通過探究死亡，發現了如何安樂地面對人生，我們卻是一味忽略死亡，事到臨頭才不知所措，痛苦萬分。

世俗人以為，佛教總是圍繞著諸如苦、死之類的事情打轉，老是勸人面對那些令人不悅的世相，因此是消極的、悲觀的。然而，佛教思想家卻不如此想，事實上正好

相反。

生時忽略死亡，似乎是很快樂，死前心慌意亂，悲痛不已，這難道就是進取嗎？這祇是渾渾噩噩地過活，至多是生命進程中的無奈而已。死亡存在於這個世間，不可避免、無可改變，既然改變不了死亡的事實，我們可以改變對待死亡的態度！

當你第一次學習開車，你會手忙腳亂，在一次一次的實踐後，你掌握了開車的技巧，開車變成了一種習慣，你便能夠從容地面對。佛教直面死亡的話題，就是要你正視它的存在。如同開車一般，長久的回避讓你在衰老的過程中越來越恐懼，持續的正視則會讓你深入地觀照，透過觀照的力量最終感受到（而不是認為）不變的真理即是改變，坦然地對待死亡，如同對待太陽的東升西落。

當然，你用了一輩子來回避死亡，人類用了上百萬年來回避死亡，想要轉變這個態度當然不容易，但困難總比不能好。佛陀為我們留下了許多智慧的開導。

以死為苦的原因

其人心貪著，死神將捉去。（南傳《法句經》）

貪欲無厭足，實被死王伏。（南傳《法句經》）

生死是必然的，因此，學習處理死亡所帶來的痛苦是非常務實的。想要解脫痛苦，就要找到痛苦的根本，我們面臨的第一個問題是，死亡為何會給人們帶來痛苦呢？

如果你說，這是顯而易見的，那麼，你永遠無法脫離死亡帶來的痛苦。佛陀之所以是聖者，不是因為他能夠明白你無法明白的道理，而是他明白了你自認為已經明白的道理。

人，特別是現代人，活著的時候，不會為死後屍體的腐爛或者化為灰燼而痛苦，因為他知道，死了，就什麼都不知道了，這些他都捨得。可見，痛苦，祇是為了生前那不捨得的。

《儒林外史》中，嚴監生告訴我們，他還不能死，怕的是浪費家中財物（一莖燈草）；電影《東方不敗之風雲再起》中雪千尋的臺詞說，死並不可怕，孤獨地活著才痛苦；連司馬遷也講：「恨私心有所不盡，鄙沒世（死）而文采不表於後也。」

看到了嗎？他們是害怕死亡的，但害怕的不是死亡本身，而是害怕浪費財富、無法與愛人在一起以及不能立名於後世。如果這些無法得到滿足，他們臨死時會痛苦萬分，無論是受人鄙薄的（嚴監生），是肝腸寸斷的（雪千尋），還是流芳百世的（司馬遷），均是如此。

我們孜孜以求了一輩子，執著的事物千頭萬緒，誰會全部得到滿足呢？誰能輕易地放下呢？無需否認，正是貪著造成了對死亡的畏懼，以死亡為痛苦。

在生死中達到涅槃

佛陀對死亡的覺悟，不僅僅是正視它的存在這麼簡單，世俗在恐懼死亡的時候，佛陀卻發現了它的另外一面。

一息一瞬，眾生壽命，四百生滅。（《大般涅槃經》）

人命在呼吸之間耳。（《佛說處處經》）

人們把死看成一個點，死的這一邊很溫暖，死的另一邊很冷寂。佛陀卻覺悟到死是一條線，生死是前後相續、連續不斷的。佛陀甚至證悟到，一呼一吸之間，你已經經歷了四百次生死。

乍聽起來這似乎令人難以理解。其實不必關注那個數字，我們也知道，前一秒的我和後一秒的我已經不同了。但我們祇把它看成是一種哲學思辨，而不是真正的人生，這就是凡人和覺悟者的區別。無常不是死後發生的，它就發生在當下，別因為個人欲望和習慣勢力就忽視了真理，

感受無常並習慣它，一點也不消極，一點也不悲觀。學習感受每一秒都是宇宙中唯一的一秒，你才有機會放棄執著，感受到安隱和快樂。這是超越生死的基礎。

所行非常，謂興衰法，夫生輒死，此滅為樂。（《法句經》）

佛陀說，此滅為樂，祇要你追求、懂得、感受到滅的樂趣，你也就從生死中解脫了。

滅，寂滅之略稱，又稱為入滅，即涅槃之意。一般人認為，寂滅、涅槃、入滅是佛教對死亡的稱謂，實則不然。三詞意思很多，高僧逝世祇是其中一義。在佛教哲學中，它的意思是度脫生死，進入寂靜無為之境地。因此，凡是達到這種境界，都可稱為寂滅，並不以死亡為前提，當然，也不限於僧人。正如《維摩詰所說經》所說：「現於涅槃，而不斷生死」，就是教導人們要在活著的時候追求涅槃的境界。

那麼，這種境界到底要如何達到呢？

貪欲永盡，瞋恚永盡，愚癡永盡，一切諸煩惱永盡，是名涅槃。（《雜阿含經》）

斷除一切煩惱，就是涅槃。當你做到這一點的時候，

你就超越了生死了。祇是，你必須做好實踐一生的準備。

　　菩提之支分，正心而修習，棄捨諸執著，遠離愛貪欲，滅盡而光耀，現世得涅槃。

　　人若常正念，諸蘊之生滅，獲得喜與樂，已知得不死〔涅槃〕。（《法句經》）

　　既然死亡的痛苦來自生時的貪著，那麼，嘗試著捨棄自己的貪著吧，因為沒有了生時的貪著，也就解脫了死時的痛苦。

　　然而，要捨棄執著、遠離愛欲，絕非易事，不要想著一悟就能超十地三乘，領悟了人生的真諦。

　　莫學小道，以信邪見，莫習放蕩，令增欲意；
　　善修法行，學誦莫犯，行道無憂，世世常安。
　　敏學攝身，常慎思言，是到不死，行滅得安。
　　非務勿學，是務宜行，已知可念，則漏得滅。（《法句經》）

　　所謂「梅花香自苦寒來」，你需要長養你的菩提智慧，需要堅持不懈地修習，你需要攝持你的心靈，清除心中存有的貪嗔痴三毒，你需要轉變現有的思維方式，需要完善人生的各個方面。這是一個艱難的過程，但是，又是

一個有趣的過程。佛陀因正視死亡而修道，我們也學著如此，當我們修習了一番之後，你會發現，解決了上面每一個問題之後，死亡的問題也解決了。

　　云何？世尊！諸佛形體，皆金剛數，亦當有老、病、死乎？世尊告曰：如是，大王！如大王語，如來亦當有此生、老、病、死。我今亦是人數，父名真淨，母名摩耶，出轉輪聖王種。（《增一阿含經》）

　　誰也無法逃離生老病死的事相，連佛陀也不能。但對佛陀而言，生老病死所帶來的痛苦在他悟道之時，便消失得無影無蹤了。超越生死，達到涅槃，就是超越生死的痛苦，而不是生死的事相。

第九篇

自在

在這紛紛擾擾的社會，每個人的心中都充滿了各種情感和欲望，攀緣著各種各樣的境界。我們常常感覺身心疲憊，發現生命中始終有擺脫不掉的煩惱，你可以暫時壓抑或者忘記自己的知覺，但它過不了多久就又回來。你告訴自己，生活就是這樣，我如此，他也如此。

　　佛陀告訴我們，生活可以不是這樣的。他不但指出了人生苦惱的現象和原因，更清楚地說明瞭解脫的境界——涅槃。在幾乎所有的宗教中，至善的境界祇有死後方能達到，涅槃卻可以當生成就。凡是證得涅槃的人，就是世間最自在的人。

　　人生的煩惱源於貪嗔痴三毒。貪讓人永不滿足，嗔讓人產生惡意，痴讓人產生錯誤的認知。我們的身心被其驅策，卻不知道應該反過來制馭它們，因此，才感覺到人生備受煎熬。佛經云：常為心師，不師於心。祇要你能正確地制馭你的心猿，你就能夠感受到那份久違的安隱自在。

心決定苦樂罪福

心為法本，心尊心使，中心念惡，即言即行，罪苦自追，車轢於轍；

心為法本，心尊心使，中心念善，即言即行，福樂自追，如影隨形。（《法句經》）

你會舉出無數個善人惡運、惡人善命的事實來證明佛陀的話不正確，這種用事實進行的反駁在佛教傳入中國甚至在佛陀悟道的那一天已經開始了。

世界上的一切事物和現象都是因緣和合而產生的，因就是主要原因，緣就是輔助條件，人們總是以樹的生長需要種子（因）和陽光、水土、肥料、氣候等因素（緣）來說明其中的道理。人生的幸福也是如此。幸福與否取決於心念的因和外部力量的緣的和合。我們可以控制我們內在的因，但卻無法控制外在的緣。祇要你的言行發自善念，自然多種善根，緣來之時，當然會開花結果。

欲求心還是清淨心

凡夫之人，若眼見色，便起染著之心，不能捨離；彼以見色，極起愛著，流轉生死，無有解時。六情亦復如是，起染著想，意不能捨離，由是流轉，無有解時。

若世尊賢聖弟子，眼見色已，不起染著，無有污心，即能分別此眼是無常之法，苦、空、非身之法。六情亦復如是，不起染污心，分別此六情無常、苦、空、非身之法。（《增一阿含經》）

我們一心追求，我們以為那是我們自己，但那並不是，至少不是自由的自己，我們祇是被追求之心支配、迷惑的可憐蟲。佛陀的弟子們不是這樣，他們不被心所牽引，他們控制著自己的心。

幸福源自清淨的心，而不是欲求的心。清淨心是澄澈的，欲求心的下面卻隱含著痛苦。靠撿破爛資助了上百位學生的老人，生活是困苦的，但看著學生們的成長，他感到了幸福；貪贓枉法之輩，生活是奢華的，但他時刻期待著獲得更多，時刻擔心著下一秒東窗事發，他反而找不到幸福。

心的特徵

獨行遠逝，覆藏無形，損意近道，魔系乃解。（《法句經》）

有時候，你因為別人的進取而心存不滿，因為別人的取得而內心失落。當你取得時，你的心中夾雜著驕傲；當

別人錯失時，你的心中感到安慰，甚至當一輛汽車從步行的你身邊呼嘯駛過，你心裡也驟然升起厭惡甚至咒怨⋯⋯

有時候，一切的壞時光與無聊之事都消失得無影無蹤，你感覺煥然一新，你說，我從煩惱中解脫了，我很幸福。然而，這段時光很快就消失了，連回憶起來都不清晰。

如果你果真如此，你的心中不會有片刻安寧。我們的心識有幾種性格：它難以控制，難以捉摸，貪求，一次又祇能想著一件事物（獨行），它們交織在一起。如果你想要達到安寧自在的狀態，就要抑制自己的惡念，剖析並清理自己的惡念，不要讓欲望充斥胸中，如此你才會得到從未體驗到的安寧，才能從死亡的痛苦中解脫。

意馳於響，難護難禁，慧正其本，其明乃大。（《法句經》）

人的意識之迅疾超過聲音，難護持，難禁止，祇有智慧才能把它安放於善本之上，正面的意識才能不斷擴大。

意微難見，隨欲而行，慧常自護，能守即安。（《法句經》）

人的意識有時很難弄明白，根本來講卻祇是順從自己

的欲望而已。知道自己真正的意圖，才能够守住善念。

　　我不見一法疾於心者，無譬可喻，猶如獼猴捨一取一，心不專定。心亦如是，前想、後想所念不同，是故，諸比丘！凡夫之人不能觀察心意所由。是故，諸比丘！常當降伏心意，得趣善道。（《增一阿含經》）

　　假如嘗試靜下心來，專心注意於數自己的呼吸，那麼，要不了多久，你就會明白，自己的心念是多麼地不甘寂寞，想東想西的，難以專注，就像在樹枝間攀來攀去、動個不停的猴子。所以，凡夫很難明白自己心念產生的真正原因。

　　修行者應當常常透過自心的觀察，來訓練自己。如果你細心，你就會發現惡念的潛在內涵，你就能够很好地守護住你的心，趣向善道。

　　比如，當你憤怒的時候，你祇是心理不平衡而已；當你驕傲的時候，你祇是在掩飾其他方面的無能而已；當你嫉妒的時候，你祇是喪失了原有的優越感而已……

安心與智慧

　　心無住息，亦不知法，迷於世事，無有正智。

念無適止，不絕無邊，福能遏惡，覺者為賢。

佛說心法，雖微非真，當覺逸意，莫隨放心。（《法句經》）

佛陀說，假如一個人的心漂浮不定，不曉得正確的學說，他就會貪樂於世，甚至信邪說，長倒見，他就不會成就大智慧；又說，人縱意遊逸，不能專一，即使聽聞佛法，也不會明了，要知道，修福雖能避免厄運，但卻得不到解脫，祇有覺悟的智慧才能解脫。

佛陀所說的智慧，不是俗世的聰明，而是般若。獲得這樣的智慧，並不容易，但為了減少甚至解脫俗世煩惱，每個人都應該爭取一下。厘清我們習以為常的觀點，觀照世事的實相，需要一顆安寧的心。

安心與安樂

莫貪莫好諍，亦莫嗜欲樂，思心不放逸，可以獲大安。（《法句經》）

愛喜生憂，愛喜生畏；無所愛喜，何憂何畏？

好樂生憂，好樂生畏；無所好樂，何憂何畏？

貪欲生憂，貪欲生畏；解無貪欲，何憂何畏？（《法句經》）

我們總是無休止地追求歡樂與滿足，努力逃避痛苦和不愉快。我們耗費所有的精力，試圖讓自己感覺更好，以此來削弱內心的恐懼和不安。與此同時，真實經驗的世界卻悄悄地從我們身邊溜走。

你需要理解這個矛盾──當你放下追求舒適的渴望時，真正的滿足才會升起；當你不再興奮地追求滿足時，生命的真實之美才會降臨；當你敢於面對所有的痛苦與危險時，才能達到真正的解脫與安隱。

心安的境界

我生已安，不慍於怨，眾人有怨，我行無怨；

我生已安，不病於病，眾人有病，我行無病；

我生已安，不慼於憂，眾人有憂，我行無憂；

我生已安，清淨無為，以樂為食，如光音天；

我生已安，澹泊無事，彌薪國火，安能燒我？（《法句經》）

可嘆的是，我們已經習慣了我們的思想和行為，我們雖然感覺到處處皆會有煩惱，但是我們告訴自己，生命就是如此；我們雖然知道還有有別於自己的生活方式，但是我們堅信，自己的方式正確。因此，我們不再關注別人的

思維方式，放棄了對那些內容的探求。

我們應該感受一回覺悟者的思維方式，應該感受一下佛陀的境界，那樣我們才能跳出自己的慣性，找到步向幸福的階梯。

佛陀說：我的身心已然安隱，我無憎怨地活在充滿憎怨的人們當中，當別人憎怨時，我卻無憎怨；我的身心已然安隱，即使身體遭受傷病，心中也不會痛苦，當別人痛苦時，我卻無痛苦；我的身心已然安隱，不會有什麼事情讓我憂慼，當別人憂慼時，我卻無憂慼；我的身心已然安隱，不會被身體的饑渴所煩擾，我能夠如光音天般無一物牽掛；我的身心已然安隱，我清淨地活在充滿恣欲的人們當中，欲望之火，怎會在我身上燃燒？

煩惱從心生，對治靠自己

以知、以見故諸漏得盡。（《中阿含經》）

漏，是佛教對煩惱的異稱。

煩惱的生起，並不是因為外界的不順意，煩惱的消滅，也不是因為外界的一切都順意！

而是因為具備正知正見的緣故。

有七斷漏、煩惱、憂感法。云何為七？有漏從見斷，有漏從護斷，有漏從離斷，有漏從用斷，有漏從忍斷，有漏從除斷，有漏從思惟斷。（《中阿含經》）

正確的見解（如實知見無常、無我的道理）；守護六根（眼耳鼻舌身意，不被外境所迷）；遠離惡友惡知識；對吃穿住行的享用有正確的心態（不驕傲，不盛飾，不貪味，常懷慚愧與感恩）；維持精進的安忍力；斷除惡念、惡習的決心；常思惟佛法。這是經中所說的七個對治煩惱（漏）的方法。

勝則生怨，負則自鄙，去勝負心，無爭自安。（《法句經》）

大多數人在生活中都向往著勝利，而難以忍受失敗，為了追求勝利，甚至可以無所不用其極。競爭發生了，傷害也隨之而來。人們的心中容不下失敗，難以跳出勝負來進行觀察。

佛陀說，勝利招惹憎怨，失敗墮入苦惱。不但如此，為了追求勝利，雙方在勝負未分之前，已然殫精竭慮，都受到了不小的傷害。

勝負如此，是非也如此。一天到晚評說別人的過失與缺點，不可能減少別人的成就，反而使自己心力交瘁，人

見人惡。

那你説，我天天找自己的毛病，總可以吧？這也不好，總能找到自己毛病的人，不可能看不到別人的毛病。把別人的毛病壓到心裡，是多麼辛苦的一件事情！智者及時改正自己的錯誤，心中卻一絲是非之念也不留，這不是説智者都是不明事理之人，祇是説智者不會執著孰是孰非而已。永遠以慈悲闊達的胸懷去待人，自然不會執著是非。如果每個人都有這樣的覺悟，人世間的錯誤就少得多了。所以，六祖大師説：

他非我有罪，我非自有罪，但自去非心，打破煩惱碎。（《六祖壇經》）

看見別人的是非，我有罪；看見自己的是非，我依然有罪。祇要去除是非之念，人生就不會有煩惱。

與其在陰暗的角落裡咬牙切齒，與其在痛苦的反思中自怨自艾，何如在明媚的陽光下歡天喜地。平靜的賢者，能夠捨棄勝敗是非，常住安樂之中。

夫所以憂悲，世間苦非一，但為緣愛有，離愛則無憂。（《法句經》）

人類的憂悲苦惱，究其實質，都是因為一個「愛」

字。佛教所謂的愛，與世俗的含義大不相同，與欲大致相同，意為貪戀執著於一切事物。正是對事物或現象的貪戀執著，使得人類之心為外界所繫縛，並隨著外在事物的變化而導致心情的變化。它總帶著想要得更多、要得更久的衝動，而不甘於隨順因緣條件。所以，就會讓人們：因為得不到而渴求，因為擁有而怕失去。一旦失去了，輕者捨不得，覺得好可惜；重者恐怕就會憂悲惱苦，痛不欲生了。

佛陀有鑑於此，明確地勸化我們，離欲就會安住於快樂的境地。

我諸弟子於我所說，能解義者，彼於諸慢得無間等（理解、瞭解、通達），得無間等故，諸慢則斷，諸慢斷故，身壞命終，更不相續。仙尼！如是弟子我不說彼捨此陰已，生彼彼處。所以者何？無因緣可記說故。欲令我記說者，當記說：彼斷諸愛欲，永離有結，正意解脫，究竟苦邊。我從昔來及今現在常說慢過、慢集、慢生、慢起，若於慢無間等觀，眾苦不生。（《雜阿含經》）

慢，是恃己而凌他的意思。被別人瞧不起或者欺侮，會生起煩惱，反過來，對人驕慢，也會生起煩惱和痛苦。

驕慢的人，對方因他的驕慢而糾結，他很開心；對方

不在意他的驕慢，他很失落；對方看重他驕慢的內容，他很開心；對方無視他驕慢的內容，他很失落；有人圍觀，他很開心；無人理睬，他很失落。

情緒的好壞，不能取決於自己，多麼不自由啊！更何況，因驕慢而自顯淺陋，被鄙視，更是事後的痛苦！

煉心與護諸根

譬如厚石，風不能移，智者意重，毀譽不傾；譬如深淵，澄靜清明，慧人聞道，心淨歡然。（《法句經》）

譬如厚重的磐石，任憑大風吹刮毫不動移；智慧之人，心意凝重穩固，任憑毀譽之言四起，也不為所動。

譬如深不見底的澗淵，澄靜清明：智慧之人聽到大道，心意澄淨，心情自然歡悅。

云何比丘諸根寂靜？於是，比丘若眼見色，不起想著，無有識念，於眼根而得清淨，因彼求於解脫，恒護眼根。若耳聞聲，鼻嗅香，舌知味，身知細滑，意知法，不起想著，無有識念，於意根而得清淨，因彼求於解脫，恒護意根。如是，比丘諸根寂靜。（《增一阿含經》）

想要成就心淨歡然的境界，必須要諸根寂靜。佛陀告

訴我們，諸根及景觀不是其他的，而是不起想著，無有識念！

不起想著就是既不執著任何東西，也不排斥任何現象。該來的就讓它來，無論發生什麼事，都要隨遇而安。出現好的現象，那很好；出現壞的現象，那也很好。以平常心看待，無論發生什麼，都要保持自在。不要貪求或對抗你所經驗到的事，祇要充滿正念地看著它。

無有識念就是不要停留在分別念中。停留在比較上是危險的，不小心處理，就變成以自我為中心，導致內心充滿貪念、嫉妒和驕傲。我們比較容貌、權位、財富、智商甚至人緣，這一切都會造成相同的結果，那就是疏遠、隔閡和敵意。

念欲惡；惡念欲亦惡。彼斷念欲，亦斷惡念欲。如是，恚、怨結、慳嫉、欺誑、諛諂、無慚、無愧、慢、最上慢、貢高、放逸、豪貴、憎諍，貪亦惡，著亦惡，彼斷貪，亦斷著。（《中阿含經》）

貪欲、瞋恚、怨恨、慳嫉、欺誑、諛諂、無慚、無愧、慢、最上慢、貢高、放逸、豪貴、憎諍等，都能够造成煩惱，心中如果升起這些念頭，當然是不好的，應當設法平息。

不要被法束縛

一些人雖然學了佛，認識到了這些問題，有時候依然不免為境所迷，或貪或怒，或欺或慢，事後對此厭惡懊惱，難以釋然。這也是一種執著，也要設法消除。

對此，佛陀有非常有趣的說明：

猶如縛作桴筏，乘之而度，安隱至彼。彼便以筏著右肩上，或頭戴去。於意云何？彼作如是竟，能為筏有所益耶？如是，我為汝等長夜說筏喻法，欲令棄捨，不欲令受。若汝等知我長夜說筏喻法者：當以捨是法，況非法耶？（《中阿含經》）

貪嗔痴等是「非法」，我們要捨棄，清除貪嗔痴的意願是「法」，我們也要捨棄，如同乘船渡河，過河之後船也要捨棄一樣。

六祖慧能大師說，懺者，終身不作，悔者，知於前非。又說，我此法門中，永斷不作，名為懺悔。知道錯立刻改正，別把它留在心中，苦了自己，壞了修行。

持戒不是束縛

所謂戒者，息諸惡故。戒能成道，令人歡喜。（《增

一阿含經》）

戒律，不是別的，祇是讓人息惡而已。人祇有熄滅惡念才有成道的可能，守戒能夠令人歡喜。

人而常清，奉律至終，淨修善行，如是戒成。

慧人護戒，福致三寶，名聞得利，後上天樂。

常見法處，護戒為明，得成真見，輩中吉祥。

持戒者安，令身無惱，夜臥恬淡，寤則常歡。（《法句經》）

有些人認為戒律是對自由的限制，這既是不瞭解戒律，又是對自由的誤解。幸福學上對自由的定義是：自由就是人們想無約束地獲得利益和幸福的意識和行為。這祇是凡人心中的自由，因為由此得到的必然是相對的自由。佛教的思想家們並不是這樣理解，在他們看來，祇有消除了自身的欲望，不為得到與否而煩惱，這才是絕對的自由。絕對的自由從鍛煉自己的心智中獲得。

事實上，佛教的戒律是在解放我們。它讓我們免於犯下惡行，造成自己與別人的痛苦。這些準則訓練我們保護別人，使他們免於受到傷害；並且借由保護別人，我們也保護了自己。

它讓我們內心不再緊張。為學業緊張，為房子緊張，

為工作緊張，甚至為飲食緊張，那完全出於你的貪嗔痴。在戒律的磨煉下，你的貪嗔痴變淡了，你的緊張感也變淡了。

當然，需要指出的是，戒律的意義不僅如此。僧侶有僧侶的戒律，其中很多是為了集團平穩的發展而設立的，這些對僧侶集團有意義的戒律，對我們來說毫無意義，我們自然無需遵守。

馭心不是消極

慧智守道勝，終不為放逸，不貪致歡喜，從是得道樂。

莫貪莫好諍，亦莫嗜欲樂，思心不放逸，可以獲大安。

（《法句經》）

你會說，不追求是在逃避現實，那不是積極的人生態度。佛教是面向人生的宗教，佛陀從沒勸導信者逃避人生，他祇是告訴信徒，不放逸，不貪，才能得到真實的歡樂。

心中沒有了勝負的較量，依然可以開展事業，而且更容易看清現狀，擺脫束縛；心中沒有了放縱的欲望，依然可以享受吃穿住行，而不會被物質壓得喘不過氣來。

不令心放逸

云何無放逸行？所謂不觸嬈一切眾生，不害一切眾生，不惱一切眾生，是謂無放逸行。（《增一阿含經》）

此心不可降伏，難得時宜，受諸苦報。是故，當分別心，當思惟心，善念諸善本。（《增一阿含經》）

想要瞭解世事，先瞭解你自己。在任何事面前，剖析自己的心態，找到其中的閃光點，找到其中的污穢面，當你習慣於這樣，你就會發現你是多麼的煩惱和痛苦。思維的越多，瞭解的越多，你就會對現在的自己越來越不滿意，完善自己就在這時候逐漸發生了。

佛陀教導人們，應當去瞭解自己的心（當分別心，當思惟心），明白自己在想些什麼，做些什麼，進而約束自己的心，不要情不自禁地以自我為中心，不要常常與煩惱（漏）為伍。能夠這樣，也稱得上是不（無）放逸的修行人了。

自我反省

當善思惟，觀察於心。所以者何？長夜心為貪欲所染，瞋恚、愚癡所染故。心惱，故眾生惱；心淨，故眾生淨。譬如畫師，善治素地，具眾彩色，隨意圖畫種種像

類。（《雜阿含經》）

　　自由是孔子所說的「從心所欲不逾矩」。畫師可以隨意作畫，但前提要有純白的畫布；人可以獲得絕對的自由，但前提要有最高的道德自覺。我們生來不是聖人，但我們可以通過自我反省改掉缺點，一步一步向他靠近。

　　欲善於思維、觀察自心，必須要做些改變，學習接受與瞭解感覺的新方式，並且開展對待情感的新方法，把這些新的心理習慣帶入日後的生活中。

　　首先，嘗試做個局外人，把貪嗔痴提煉出來，旁觀煩惱的喧囂、擺脫貪欲的追求。把每一段時間的煩惱都拿來觀察，並保持正念，煩躁的時候思維煩躁的解脫方法，無聊的時候思維無聊的解脫方法，善用一切你能使用的時間。

　　其次，視一切問題為挑戰，將一切出現的負面因素視為學習與成長的機會。不要逃避，也不要自責或黯然神傷。你有問題嗎？太好了，又有了磨煉自我的機會。歡喜地承受，投入其中並加以思索。生活就像學繪畫，你消耗了墨水，卻提高了境界。

　　再次，煩惱源於你自己的心。要知道，不是某人使你煩惱，而是你拿某人的言行來煩惱自己。

將身、心分別對待

愚癡無聞凡夫，生苦受、樂受、不苦不樂受。多聞聖弟子，亦生苦受、樂受、不苦不樂受。凡夫、聖人有何差別？愚癡無聞凡夫，身觸生諸受，增諸苦痛，愁憂稱怨，心生狂亂。當於爾時，增長二受：若身受，若心受。譬如士夫，身被雙毒箭，極生苦痛。所以者何？於諸五欲，生樂受觸，受五欲樂，為貪使所使；苦受觸故，則生瞋恚，為瞋恚所使；於此二受，若集、若滅、若味、若患、若離不如實知故，生不苦不樂受，為癡使所使。為樂受、苦受、不苦不樂受所繫，終不離。云何繫？謂為貪、恚、癡所繫，為生、老、病、死、憂、悲、惱苦所繫。多聞聖弟子，身觸生苦受，不起憂悲稱怨、心亂發狂。當於爾時，唯生一受：所謂身受，不生心受。譬如士夫，被一毒箭，不被第二毒箭：為樂受觸，不染欲樂故，於彼樂受，貪使不使；於苦觸受，不生瞋恚故，恚使不使；於彼二使，集、滅、味、患、離如實知故，不苦不樂受，癡使不使。於彼樂受、苦受、不苦不樂受解脫不繫。於何不繫？謂為貪、恚、癡不繫，生、老、病、死、憂、悲、惱苦不繫。

（《雜阿含經》）

此身雖有患，當使心無患。（《增一阿含經》）

凡夫有苦、樂、不苦不樂的感受，解脫的聖者也有

苦、樂、不苦不樂的感受，那麼凡夫和解脫的聖者，差別在哪裡呢？

凡夫身受苦，心就起瞋恚，做瞋心的奴隸（瞋恚所使）；身受樂，心就起貪，做貪心的奴隸（貪使所使）；懵懵懂懂，不知苦、樂出現以及消除的原因（集、滅、味、患、離），又成了愚疑的奴隸（疑使所使）。就像身上中了一支毒箭，緊接著，心中又中了第二支毒箭一樣。

聖人可就不一樣了，身受苦、樂，就止於身受苦、樂，他深知苦、樂出現以及消除的原因，心不受身的影響，不中第二支毒箭，不做貪、瞋、疑的奴隸，在何時都是自在的。

身、心的感受，個案對待，分開處理，是修行的重要綱領。

馭心必須勤奮

譬如伏雞，生子眾多，不能隨時蔭餾，消息冷暖，而欲令子安穩出殼；如是，不勤修習，隨順成就，而欲令得漏盡解脫，無有是處。（《雜阿含經》）

在心靈淨化工程的領域裡，沒有投機客的生存空間，有的祇是像母雞勤於孵蛋般的成功範例。孵蛋的母雞，隨

時抱著蛋（蔭餾），關懷（消息）著蛋的冷暖，祇待因緣條件都具足了——時機的成熟（隨順），便見小雞一隻隻地破殼而出（成就）了。修行，何嘗不是需要像這樣的孵蛋功夫呢？

第十篇

信仰

釋迦牟尼不是遙不可及的神，他在沒出家之前，有嚴父慈母、嬌妻愛子，出家之後在菩提樹下正觀到宇宙人生的實相——緣起，於緣起而證得涅槃，超脫一切障礙而成就無上正等正覺。他弘法四十九年，不過是將自己所領悟的如實宣說出來，以使眾生能解脫煩惱而超越生死而已。

　　我們信仰佛教，不是因為佛陀三十二相、八十種好、十力四無所畏、三身四智的神奇，而是因為佛陀自覺覺他、覺行圓滿的功德；我們信仰佛教，不是對死亡的一種寄託，而是要當下就活得自在和超越。

佛陀是人不是神

如來亦當有此生、老、病、死。我今亦是人數,父名真淨,母名摩耶,出轉輪聖王種。(《增一阿含經》)

我身生於人間,長於人間,於人間得佛。(《增一阿含經》)

兩千五百年的宗教發展,無可避免地對佛陀產生了種種神化。信仰佛教,首先要對佛陀進行適當的定位。

如果認為佛陀是具有無限神通的教主,對他的信仰是建立在祈禱靈應之上的,那麼,你的失望可能會大於你的期望。

《阿含經》是原始佛教聖典,是最接近釋迦牟尼佛時代的佛教經典。佛陀一再地表明,他不是神,他也有生老病死,他也有父母妻兒,他也有覺悟前的迷茫。

信佛、學佛,就是學習佛陀怎麼做人而已。

佛陀行出世間行

如是,如來世間生、世間長,出世間行,不著世間法。(《中阿含經》)

佛教有這樣兩個概念:世間法,出世間法。所謂世間法,就是眾生沉淪於世間,不離煩惱,無法解脫的種種思

想和作為；所謂出世間法，就是能夠遠離煩惱，能夠解脫
生死的思想和作為。

佛陀雖然生長於世間，也為世間的種種苦惱糾纏過，
但他最終從所有的痛苦中解脫出來。

如來出現世間，又於世界成佛道，然不著世間八法，
猶與周旋，猶如淤泥出生蓮華，極為鮮潔，不著塵水，
諸天所愛敬，見者心歡。如來亦復如是，由胞胎生，於中
長養，得成佛身，亦如琉璃之寶、淨水之珍，不為塵垢所
染。如來亦復如是，亦生於世間，不為世間八法所染著。
（《增一阿含經》）

世間八法，為世間之所愛憎，能燉動人心，故又名八
風。就是利、衰（即無利）、毀、譽、稱（即讚）、譏、
苦、樂。

蓮花，出淤泥而不染，這是解脫的聖者在這個世間的
最佳寫照。

迷信──源於畏懼自身的罪惡

此身無數劫，經歷彼河浴，及諸小陂池，靡不悉周遍。

愚者常樂彼，暗行不清淨，宿罪內充軀，彼河焉能救。

（《增一阿含經》）

　　一個叫江側的婆羅門告訴世尊，孫陀羅江是福之深淵、世之光明，若有人、物在彼河水中洗浴，一切諸惡，皆悉除盡。

　　佛陀告訴他，如果你所行不清淨，身心充滿罪惡，誰也救不了你！

迷信──源於無助

　　或多自歸，山川樹神，廟立圖像，祭祠求福；自歸如是，非吉非上，彼不能來，度我眾苦。（《法句經》）

　　無論是古代還是現代，無論是國內還是國外，遇著事情就求神拜佛、祈求保佑的人，比比皆是。它們之中有普通的宗教信仰者，也有表面上的唯物主義者。

　　佛陀不是什麼主義者，但他肯定地說，這樣的皈依不是無上的皈依，它給予祈求者的，僅僅是一絲脆弱的安慰而已。它們不會從高高的雲端下來，把你從一切的苦境中解脫出來。

自己是最好的皈依處

若不從天人，希望求僥幸，亦不禱祠神，是為最吉祥。（《法句經》）

自勝最賢，故曰人雄，護意調身，自損至終。

雖曰尊天，神魔梵釋，皆莫能勝，自勝之人。（《法句經》）

永遠不需要祈求神明的饒恕，也永遠不需要祈求神明的庇佑，是無罪無惡、無欲無求的人。這樣的人，是離苦得樂的人，是最尊貴的人。

每個人都能夠成為這樣的人，最尊貴的自我隱藏在我們的身心中，我們祇能通過不斷地修行，不斷地完善，才能夠將其開發出來。所以，我們應該皈依的，不是別人，而是自己。

皈依自己與信仰佛教

心將世間去，心牽世間來，由心自在，世間隨轉。（《大乘莊嚴經論》）

看到這段話時，你首先還是要放棄那所謂的主義。佛教不是哲學，它祇是讓人從煩惱中解脫的方法而已。

每個人都知道塞翁失馬的故事，塞翁沒有因福而快

樂，也沒有因禍而悲傷，他看透了世事，所以他解脫了煩惱，我們不能做到，所以我們不斷地煩惱。煩惱源於你的心，源於你看待世界的方式。既然一切源於你自己，你就是煩惱的創造者，你當然也是煩惱的消滅者。

該如何理解上面的話呢？世間的物質沒有變，可是，世間的色彩卻隨著你的思維方式而改變。

如有自歸，佛法聖眾，道德四諦，必見正慧。生死極苦，從諦得度，度世八道，斯除眾苦。自歸三尊，最吉、最上，唯獨有是，度一切苦。（《法句經》）

我們沉迷於這個世間，已經難以自拔，如何才能成就自我？皈依自己，首先要為自己找到正確的方向。

佛陀就是皈依自己，不借助任何神明，悟到了四聖諦，為我們指明瞭解脫之道。最根本的解脫法門是佛陀提倡的八正道，即正見、正思維、正語、正業、正命、正精進、正念、正定，行此就能夠除滅眾苦。

佛陀涅槃了，但他的教義還在，他的教徒還在，向佛、法、僧三者皈依，視他們為導師、方法和榜樣，這是最吉、最上的皈依。借著皈依三寶，特別是以法為師，修正自己錯誤的觀念，才能夠解脫一切苦。

善業以先禮，最初無過者，空無解脫門，此是禮佛義。

若欲禮佛者，當來及過去，當觀空無法，此名禮佛義。

（《增一阿含經》）

佛陀在三十三天為母講法，世人渴仰，當目連尊者告訴大家佛陀回來的時間之後，世人爭著第一個覲見如來。優鉢華色比丘尼變作轉輪聖王形，無人敢在其先。可是，佛陀告訴她，是須菩提第一個見到他的。而此時，須菩提根本沒來，在山側縫補衣服呢。

佛陀說，思維、理解、貫徹佛陀的教法，才是真正的禮佛。原來，皈依三寶，還是皈依你自己。

認清現在的你

心無住息，亦不知法，迷於世事，無有正智。（《法句經》）

世人總是處在煩亂的狀態，他們不瞭解安心的方法。事實上，他們沉迷於世俗的事務之中，根本不相信能夠真正得到解脫，這樣的人，是沒有智慧的。

井底之蛙被環境所束縛，很難相信外面還有大海的存在，人亦如此。如果你想領略解脫者的境界，先相信解脫者的教導吧。

信

欲見諸真，樂聽講法，能捨慳垢，此之為信。（《法句經》）

佛陀要我們相信的，不是他本人的威神，而是他所傳的法。

一個人，內心升起思慕解脫者的願望，願意聽聞他所講解的解脫法門，能夠切實地捨棄自己的貪嗔痴及一切迷惘，這才是正真的信仰，是正信。

有信則除惡近善

因有信心故，則不造諸惡，一切諸功德，以信為使命。

信亦如河箭，駛流甚迅速，能令於心意，速疾至善法。（《大莊嚴論經》）

深觀善惡，心知畏忌，畏而不犯，終吉無憂。（《法句經》）

一個人對佛教有了信仰之心，就不會造惡，此人未來所有的善業和德行，都是以信仰為基點的。而且，信仰的力量，不可思議，能夠令人心迅速地轉向善法。

很多人不承認這一點，現實也確實如此，普通信仰者且不論，出家之人也有不少不守戒律、為非作歹之輩；還

有不少不知精進、不通佛理的齋飯僧。

這裡所說的信是正信，淨信，不是僞信。

經中說，若有眾生，僞作沙門，心非沙門，破用常住，欺誑白衣，違背戒律，種種造惡，如是等輩，當墮無間地獄，千萬億劫求出無期。

法就在那裡，能否踐行由你自己。

譬如日出，盲者不見；雷霆振地，聾者不聞！佛陀也感嘆：

我於彼盲無目，不知、不見者，其如之何！（《雜阿含經》）

修善無所求

吉人行德，相隨積增，甘心為之，福應自然。（《出曜經》）

所謂有心行善，雖善不實，吉善之人行德，後必招致福應。可是最好以無欲無求之心為之，不要因信仰和欲求行善。

信仰，就是讓你不再消耗自己

譬如燃燈，因油因炷。彼若無人更增益油，亦不續炷，是為前已滅訖，後不相續，無所復受，是謂第一正慧，成就第一真諦處。（《中阿含經》）

如果你不給自己煩惱，別人也永遠不可能給你煩惱。如同燃燈一般，你不加油加芯，燈就不會燃燒。

當你看什麼都不順的時候，煩惱叢生；當你看什麼都有因由的時候，你就沒有煩惱了。

信仰有助於氣質的培養

復有四法，威儀成就：云何為四？一者不染三有，知之為苦；二者我與彼人，苦樂俱然；三者恒行忍辱，不興惡心；四者在上無慢，居下不恥。（《最勝問菩薩十住除垢斷結經》）

佛教的威儀，我們可以粗略地理解為個人的舉止、氣質。如何能够成就一個人的威儀？佛陀給了我們四點指示：

一、不染著世間的一切，染著任何的事物，無論是物質的還是精神的，都是一種苦，這樣才能顯清正；

二、世間的任何一個人，無論他的身份、地位、家

國家圖書館出版品預行編目資料

佛陀幸福語錄 / 魯立智著. -- 修訂 1 版. -- 新北
市：黃山國際出版社有限公司, 2023.08
　　　　面；　　公分. -- （幸福語錄；004）
ISBN 978-986-397-139-9（平裝）
1.CST：釋迦牟尼（Gautama Buddha, 560-480
B.C.）　2.CST：格言　3.CST：佛教修持

　　　　225.87　　　　112005997

幸福語錄 004
　佛陀幸福語錄

著　　作　　魯立智
印　　刷　　百通科技股份有限公司
　　　　　　電話：02-86926066　傳真：02-86926016
出　　版　　黃山國際出版社有限公司
　　　　　　220 新北市板橋區縣民大道 3 段 93 巷 30 弄 25 號 1 樓
　　　　　　電話：02-32343788　　傳真：02-22234544
E-mail　　　pftwsdom@ms7.hinet.net
總 經 銷　　貿騰發賣股份有限公司
　　　　　　新北市 235 中和區立德街 136 號 6 樓
　　　　　　電話：02-82275988　　傳真：02-82275989
　　　　　　網址：www.namode.com
版　　次　　2023 年 8 月修訂 1 版
特　　價　　新台幣 280 元（缺頁或破損的書，請寄回更換）

ISBN：　978-986-397-139-9